Projeto Experimental de Propaganda

Dados Internacionais de Catalogação na Publicação (CIP)
(Câmara Brasileira do Livro, SP, Brasil)

Dias, Edson de Paiva
   Projeto experimental de propaganda / Edson Paiva. --
3. ed. rev. -- São Paulo : Cengage Learning, 2016.

   Bibliografia.
   ISBN 978-85-221-2518-0

   1. Comunicação 2. Marketing 3. Projeto experimental 4. Propaganda I. Título.

16-01080   CDD-659.10724

Índice para catálogo sistemático:
1. Projeto experimental de propaganda   659.10724
2. Propaganda : Projeto experimental   659.10724

Projeto Experimental de Propaganda

Edson Paiva

3ª edição revista

Austrália • Brasil • Japão • Coreia • México • Cingapura • Espanha • Reino Unido • Estados Unidos

Projeto Experimental de Propaganda
3ª edição brasileira

Edson Paiva

Gerente editorial: Noelma Brocanelli

Editora de desenvolvimento: Viviane Akemi Uemura

Supervisora de produção gráfica: Fabiana Alencar Albuquerque

Copidesque: Carlos Villarruel

Revisão: Daniela Paula Bertolino Pita, Mayra Clara Albuquerque Venâncio dos Santos, e Maria Dolores Sierra Mata

Projeto gráfico e diagramação: PC Editorial Ltda.

Capa: BuonoDisegno

Imagem da capa: AXA/Shutterstock

Especialista de direitos autorais: Jenis Oh

Pesquisa iconográfica: ABMM Iconografia

Editora de aquisições: Guacira Simonelli

© 2017 Cengage Learning Edições Ltda.

Todos os direitos reservados. Nenhuma parte deste livro poderá ser reproduzida, sejam quais forem os meios empregados, sem a permissão, por escrito, da Editora. Aos infratores aplicam-se as sanções previstas nos artigos 102, 104, 106 e 107 da Lei nº 9.610, de 19 de fevereiro de 1998.

Esta editora empenhou-se em contatar os responsáveis pelos direitos autorais de todas as imagens e de outros materiais utilizados neste livro. Se porventura for constatada a omissão involuntária na identificação de alguns deles, dispomo-nos a efetuar, futuramente, os possíveis acertos.

A Editora não se responsabiliza pelo funcionamento dos sites contidos neste livro que possam estar suspensos.

Para informações sobre nossos produtos, entre em contato pelo telefone **0800 11 19 39**

Para permissão de uso de material desta obra, envie seu pedido para
direitosautorais@cengage.com

© 2017 Cengage Learning. Todos os direitos reservados.

ISBN-13: 978-85-221-2518-0
ISBN-10: 85-221-2518-X

Cengage Learning
Condomínio E-Business Park
Rua Werner Siemens, 111 – Prédio 11 – Torre A – Conjunto 12
Lapa de Baixo – CEP 05069-900 – São Paulo – SP
Tel.: (11) 3665-9900 – Fax: (11) 3665-9901
SAC: 0800 11 19 39

Para suas soluções de curso e aprendizado, visite
www.cengage.com.br

Impresso no Brasil.
Printed in Brazil.
1 2 3 4 5 6 7 18 17 16 15

"Não há nada mais maravilhoso do que pensar em uma nova ideia.
Não há nada mais magnífico do que ver uma ideia dar certo.
Não há nada mais útil do que uma nova ideia
que serve aos seus propósitos."

(Edward de Bono, 1997)

Cada choro, sorriso ou gesto de carinho me faz ver e sentir, todos os dias, o quanto a vida faz sentido.
Aos meus filhos Felipe e Fernanda dedico este livro.

Agradecimentos

Aos meus alunos que são responsáveis diretos e indiretos pela realização deste trabalho.

À Associação dos Profissionais de Propaganda (APP) e às agências de publicidade que, de uma forma ou de outra, contribuíram para a concretização deste livro.

A André Porto Alegre pela parceria e pelo prefácio a esta obra.

Apresentação

A ideia de escrever este livro surgiu de uma conversa informal, em uma sala de professores, em que eu comentava com uma colega as falhas mais comuns encontradas nos projetos experimentais que, naquela época, estavam sob minha orientação.

Essas falhas – ou equívocos, como prefiro denominar – sempre se repetiam não pela falta de interesse dos alunos ou de empenho dos orientadores, mas porque não havia um referencial completo no qual o aluno pudesse se basear e se orientar desde o início, ou seja, desde a procura inicial do cliente até a finalização do projeto como um todo e a apresentação do produto final, ou seja, seu projeto experimental, para a banca examinadora.

É fato que existe uma série de bons livros que também são de grande valia para os alunos e que foram importantes para produção deste trabalho. Entretanto, o estilo, a linguagem e a própria forma de estruturar um projeto como um todo são muito distintos entre si, o que sempre gerou uma certa confusão nos estudantes, pois a forma de apresentar ou montar os projetos acabava ficando de maneira muito díspare.

Embora o objetivo do projeto experimental seja aproximar o aluno da realidade do mercado de trabalho, isto é, daquilo que as agências e as empresas de fato realizam, é necessário destacar que existem diferenças estruturais entre um projeto experimental acadêmico e uma campanha de fato desenvolvida por uma agência real para ser veiculada.

Surgiu assim a ideia de escrever sobre o assunto. Por que não inserir em um só livro aquilo que eu repetia havia anos para os alunos? No recesso escolar de

2005, pus-me diante do computador com o objetivo de viabilizar essa ideia. A minha expectativa é que ela seja muito útil para o desenvolvimento de seu trabalho.

Cabe salientar que o objetivo deste livro não é apresentar uma receita chata e repetitiva de projeto experimental que deve ser rigorosamente seguida e que produza apenas projetos uniformes. O propósito é oferecer um roteiro em que o aluno possa se basear para escrever o seu próprio modelo, sem deixar de lado pontos importantes, que serão de grande relevância para a coerência do projeto final.

Que o percurso aqui traçado seja útil a todos os leitores!

Quaisquer sugestões serão bem-vindas.

EDSON PAIVA
E-mail: prof.epd@gmail.com

Prefácio:
Uma leitura necessária

Em 2012, participei do V Congresso da Indústria da Comunicação em São Paulo e fiz parte da comissão "O futuro da profissão", que centrou seus esforços em debater o tema na perspectiva do consumo de conteúdo e informação em quantidade e variedade, por meio de múltiplas plataformas, e sobre a mudança de paradigma nas relações trabalhistas dos profissionais de propaganda.

O mercado publicitário não se reuniu mais, e, portanto, não temos conhecimento sobre os efeitos práticos do encontro, mas o Prof. Edson Paiva, mais uma vez, se mostra atento às demandas do mercado e pragmático ao apresentar a atualização de seu já consagrado livro: *Projeto Experimental de Propaganda*.

Ao propor a releitura do material e apontar os ajustes necessários na adequação da obra a uma nova realidade de mercado, Paiva cumpre um papel assumido desde a primeira edição em 2005, quando, corajosamente, forneceu ao mercado um farol para orientar formandos em Publicidade e Propaganda no momento mais emblemático do curso: a apresentação dos projetos experimentais.

A ousadia, confirmada nesta terceira edição, reside no fato de o autor manter sua obra atual diante da avalanche de modificações a que a área da comunicação persuasiva está sujeita nos dias de hoje. Ao relançar o livro na forma de uma reedição, Edson Paiva está cumprindo a escrita que o motivou a preparar a primeira versão, qual seja, manter os futuros profissionais atualizados em relação às necessidades fundamentais na apresentação do trabalho de conclusão de curso (TCC).

Nesta terceira edição, o autor orienta os futuros publicitários sobre as novas trilhas da propaganda e aponta com precisão cirúrgica as armadilhas mais frequentes que podem comprometer a dedicação de um ano à preparação do TCC. Como um educador de primeira hora, o Prof. Paiva não se furta de renovar conceitos capazes de oferecer maior segurança àqueles que estão às portas do mercado de trabalho.

Depois de muitos anos de militância por um ensino de publicidade e propaganda de qualidade, inspiro-me na obra de Edson Paiva para continuar a jornada de pregação pela formação, qualificação e valorização do publicitário por meio das mais de 300 instituições de ensino superior espalhadas pelo Brasil.

São notórias as profundas modificações propostas por um mercado cada vez mais agressivo nos conceitos. Este livro é o exemplo definitivo de que a academia está preparada para responder com a velocidade necessária aos anseios manifestados pelo mercado de trabalho.

É essa escola, da qual faz parte o professor Edson Paiva, que todos nós, profissionais de propaganda, idealizamos. São os egressos da escola de Paiva que queremos ver atuantes nas agências, nos veículos e nas relações com os clientes. Por essa escola, o autor dedicou horas à elaboração e atualização deste livro. Resta-nos agradecer e com atenção redobrada sorver seus ensinamentos.

Boa leitura necessária.

André Porto Alegre[1]

---

[1] André Porto Alegre é publicitário e jornalista, diretor executivo e membro do Conselho de Administração da Associação dos Profissionais de Propaganda (APP), membro do Conselho de Ética do Conselho Nacional de Autorregulamentação Publicitária (Conar), membro do Conselho de Administração do Fórum do Audiovisual e Cinema (FAC), professor de MBA do Instituto Europeu de Design, articulista da revista *Licensing* e curador do Festival Universitário de Propaganda (Fest'UP). É autor do livro *A trajetória de um publicitário comum* (Matrix) e ganhador do Prêmio MaxiMídia em 2004 e 2007.

Sumário

Sobre o autor xix

Dúvidas mais frequentes 1
O que é um Projeto Experimental de Propaganda? 1
Como iniciar o projeto? 7
Como procurar um cliente? 9
Como solicitar as informações? 11
Cuidado com a verba! 12
Quais são as informações essenciais? 13
Como elaborar sua pesquisa? 16

1 *Briefing* 19
Roteiro para coleta de informações de produto 19
Adaptações do roteiro de *briefing* de produto para serviço 38
Adaptações do roteiro de *briefing* de produto para varejo 42
Roteiro adaptado para coleta de informações de órgãos públicos 47
Roteiro adaptado para coleta de informações do terceiro setor 51

2 Diagnóstico 57
Produto ou serviço 58
Pessoas 58
Problema 59
Plataforma 59

Promessa 59
Apresentação 60

3 Planejamento de *marketing* 61
Missão da organização 61
Visão da empresa 62
Valores 62
Análise situacional 62
Ambientes atendidos 63
Análise da segmentação de mercado 63
Análise do comportamento do consumidor 63
Análise das oportunidades de mercado 63
Ciclo de vida do produto 64
Matriz do BCG 65
Estabelecimento de objetivos de *marketing* 67
Estratégias de *marketing* 68
Táticas de *marketing* 68
Métodos de avaliação e controle 68

4 Planejamento de comunicação 69
Análise situacional 69
Objetivo de mercado 71
Objetivo de comunicação 71
Conteúdo básico da comunicação 71
Budget (investimento/verba) 71
Definição das estratégias de comunicação 71

5 Planejamento de campanha 72
Tipos de campanha 72
Briefing de criação 73
Objetivo da campanha 73
Estratégia de campanha 74
Estilo e ritmo 76

6 Plano de trabalho criativo 77
Conceito 77
Temática 77

Linha visual   77
Linha textual   78
Detalhamento das peças desenvolvidas   78

7   Plano de ação   91
Tipos de promoção   91
Campanhas de incentivo   97
Projetos especiais ou patrocínios   100
Eventos   102
Merchandising no PDV   103
Degustação/demonstração/*blitz*/*sampling*   103

8   Plano de mídia   107
Briefing de mídia   107
Objetivos de mídia   108
Estratégia de mídia   109
Táticas de mídia   112
Pesquisa de mídia   128
Assessoria de imprensa   129
Cronograma geral de veiculação   130
Orçamentos   132
Finalizando o trabalho   135

9   Metodologia   136
Formatação   136
Conteúdo do trabalho   138

10   Apresentação   146
Como preparar uma boa apresentação de seu projeto experimental   146
Revisão   146
Script de apresentação   147
Ensaio de apresentação   147
Dicas   148
Cronômetro   148
Credibilidade   148
Elaboração dos *slides* de apresentação   149
Identidade visual da agência   149

Ensaio geral   149
Compatibilidade de equipamentos/*softwares*   150
Teste sua apresentação   150
Ajustes finais   150
Apresentação do projeto   151
Impacto inicial   152
Encerramento da apresentação   152
Respondendo aos questionamentos   153
Fim da arguição   153

Glossário   155

Referências bibliográficas   159

Apêndice   163

Sobre o autor

Edson de Paiva Dias é publicitário, formado pela UMESP, Universidade Metodista de São Paulo, especialista em Marketing de Varejo pela FEA-USP, mestre em Comunicação e Mercado pela Faculdade Cásper Líbero e doutor em Comunicação e Semiótica pela Pontifícia Universidade Católica de São Paulo (PUC-SP). Participou de intercâmbios na San Diego State University – SDSU (Estados Unidos), Université Sorbonne – Paris IV (França) e Universidad Internacional de Andalucía (Espanha). Como publicitário, atuou na área de propaganda e *marketing*, em empresas como Arteb, Philips/Walita e Lorenzetti, nas quais desenvolveu projetos na área de comunicação mercadológica, sobretudo em promoção de vendas, *merchandising*, feiras e eventos. É professor há mais de 20 anos e, nesse período, orientou diversos trabalhos, alguns premiados na Expocom/Intercom, na Associação dos Profissionais de Propaganda (APP) e em outros concursos destinados ao público universitário. Atualmente, leciona e coordena o curso de Publicidade e Propaganda da Escola Superior de Administração e Gestão (Strong/Esags) e no Centro Universitário Fieo (Unifieo).

Dúvidas mais frequentes

O que é um Projeto Experimental de Propaganda?

O projeto experimental ou trabalho de conclusão de curso tem como princípio norteador a integração plena entre as disciplinas estudadas durante o curso, com o objetivo claro de atender às necessidades mercadológicas (*marketing*) e de comunicação por meio de um plano desenvolvido para o cliente prospectado.

A operacionalização desse projeto se dá a partir da formação de uma agência ou grupo que fornecerá consultoria como uma empresa prestadora de serviços profissionais de propaganda e/ou *marketing*. Para isso, a agência deverá ter: razão social, endereço, papelaria com identificação própria e manual de identidade visual. Outro material importante a ser desenvolvido pela agência é o carômetro, no qual deverão constar os seguintes dados: razão social, endereço, telefone de contato, logomarca, foto identificada dos integrantes e *e-mail* pessoal de cada integrante e da agência.

As agências deverão trabalhar em concorrência com todas que estiverem envolvidas no projeto. Cada agência será formada por departamentos que normalmente são: atendimento, planejamento, pesquisa, mídia, criação (direção de arte e redação), além de produção, tráfego, revisão, promoção de vendas e *merchandising*, projetos especiais etc.

Todo o funcionamento, as etapas de trabalho e os procedimentos serão sinalizados por um regulamento oferecido pelo(s) professor(es), orientador(es) do projeto.

Assim, o objetivo global do projeto é que, ao final do quarto ano cursado, os alunos sejam capazes de apresentar, no final do período, um trabalho de conclusão de curso, na forma de uma campanha publicitária e/ou projeto de *marketing*, em seus aspectos de planejamento, criação, produção e mídia.

Etapas

No projeto final, deverão constar as seguintes etapas:

- *Briefing*.
- Diagnóstico.
- Planejamento: criação (peças e textos), plano de ações e promoção de vendas e *merchandising*.
- Patrocínio comercial/cultural/esportivo.
- Projeto social/ambiental.
- Eventos: mídia, assessoria de imprensa e orçamentos.

É importante que todo o trabalho seja feito com base em informações mercadológicas reais. Para tanto, são necessários o conhecimento e o consentimento do cliente para que o trabalho seja realizado. Nesse processo, sugerimos que você solicite à coordenação do curso de sua faculdade uma carta de apresentação dos integrantes do grupo e o propósito da coleta de informações e do projeto experimental. Essa carta deverá conter o visto do cliente, como uma forma de documentar a aceitação da realização do projeto por parte dos estudantes. Além disso, deve-se encadernar uma cópia da carta e de todos os documentos referentes ao projeto, junto aos anexos do projeto.

Parte operacional

Cada faculdade e cada orientador/coordenador têm critérios próprios para a formação dos grupos e/ou das agências. Entretanto, para que o andamento do trabalho ocorra de maneira mais agradável e produtiva, recomenda-se que o número de participantes oscile entre cinco e sete, pois, em número inferior, os integrantes do grupo terão dificuldade para desenvolver a contento todas as etapas do projeto, sobretudo se eles já trabalharem. Quando os membros do grupo dedicam-se exclusivamente aos estudos, é possível desenvolver o trabalho com um número menor. Contudo, é imprescindível que haja pelo menos quatro integrantes, pois uma das coisas mais importantes que o futuro profissional dessa área precisa aprender é a trabalhar em grupo.

Não se recomendam ainda grupos muito grandes, ou seja, com oito ou mais integrantes, pois sempre haverá desencontro de informações e os já conhecidos "pesos mortos", que não contribuem em nada para o trabalho e, muitas vezes, acabam sendo motivo de desentendimentos internos.

É importante destacar também que, quando se forma o grupo/agência de projeto experimental, os integrantes, em geral, já se conhecem razoavelmente, o que possibilita a formação de grupos de acordo com as características pessoais e afinidades de cada um.

Assim, o grupo deverá montar uma agência de comunicação e/ou *marketing*, com os materiais já descritos anteriormente, além de um fôlder com o portfólio dela, em que deverão constar os trabalhos relevantes e as peças desenvolvidas durante o curso. Esse portfólio deverá ser apresentado à banca examinadora no dia da defesa final do projeto.

É importante também que seja nomeado o responsável pela agência e pelas respectivas áreas/departamentos que integram o projeto. (Devem-se destacar estas áreas abaixo dos nomes/fotos do carômetro, que será entregue aos orientadores.)

Orientações/assessorias

Para controle das assessorias, sugere-se que cada grupo tenha um caderno ou agenda de orientação, em que deverão ser registradas pelos grupos todas as recomendações feitas pelos orientadores do projeto, bem como as presenças e ausências dos integrantes do grupo. Esse controle é um instrumento também de avaliação dos orientadores, no qual poderá ser observado claramente o cumprimento do cronograma de etapas preestabelecido, além da realização das etapas, alterações e sugestões dos professores orientadores.

Esse controle também é produtivo para documentar as orientações, de modo a evitar divergências entre os professores na indicação do caminho mais proveitoso para o aluno.

Cabe salientar que o papel do professor no projeto não é impor ideias, mas orientar caminhos, com o propósito de apontar possíveis percalços que podem implicar a escolha por determinada opção e aprovar peças e etapas do projeto. Contudo, cabe ao aluno arcar com o "ônus e o bônus" das opções feitas, pois, após a defesa, ele já estará formado e teoricamente deverá estar preparado para defender suas ideias para os profissionais do mercado que encontrará pela frente.

Por fim, é importante ressaltar que, durante o processo, deve-se evitar a ruptura de grupos ou a troca de integrantes, pois isso prejudica todos os participantes, além de ser antiprofissional. Afinal, quando atuamos no mercado, não podemos trocar de emprego a cada problema pessoal que tivermos.

Verificação de presença

A presença às orientações é obrigatória mas, assim como, durante todo o curso, é permitido ao aluno ausentar-se em até 25% das aulas ou orientações. Casos e situações extraordinários devem ser comunicados ao professor coordenador do projeto para um posicionamento sobre as necessidades do grupo.

Cabe às agências observar rigorosamente os itens e as datas previstos no cronograma de trabalho previamente estabelecido, e os atrasos cometidos estarão passíveis de penalidades, como a pontuação negativa na avaliação final da agência.

Desenvolvimento e produção do projeto

O projeto experimental deverá ser totalmente desenvolvido pela equipe de alunos constituída para tal. Os recursos de terceiros deverão ser previamente comunicados e autorizados pelos professores orientadores, de acordo com a necessidade específica de cada área. É necessário registrar as necessidades na ata de assessoria e solicitar o visto de aprovação do professor responsável, destacando os motivos e descrevendo quais os recursos a serem utilizados.

Apresentação dos trabalhos

A apresentação dos trabalhos deverá ser feita nas seguintes formas: escrita (*book*), material (peças) e oral (apresentação).

- *Escrita*: o *book* deverá conter todas as informações coletadas e analisadas, conclusões, estratégias e táticas, orçamentos e cópia reduzida das peças e os respectivos textos de acordo com as normas da Associação Brasileira de Normas Técnicas (ABNT), com introdução, sumário, glossário, bibliografia, pesquisa etc. A capa dura deverá ser providenciada somente após a defesa pública e respectiva aprovação.

Todas as agências deverão, após a defesa, procurar o orientador de posse de suas observações feitas pela banca examinadora para as últimas sugestões/orientações, antes de colocarem o projeto na capa dura.

O número de cópias entregues à banca examinadora e a encadernação em capa dura (versão final) ficam a critério de cada orientador/universidade. Em geral, exige-se uma cópia para cada membro da banca (com encadernação com espiral). Após a defesa, são necessárias duas cópias com as alterações solicitadas pela banca, em capa dura.

Cabe salientar que as cópias da banca examinadora devem ser entregues com antecedência para que o orientador tenha tempo hábil para distribuir as cópias entre os membros da banca, de modo que haja tempo suficiente para que estes possam fazer a leitura do material previamente.

- *Material*: além das peças reduzidas encadernadas no *book*, os grupos devem produzir as peças/*layouts*, *storyboards*, maquetes e *mock-ups*, que deverão ser entregues à banca examinadora antes da apresentação e recolhidas no encerramento.

- *Oral*: a exposição do projeto perante as bancas examinadoras é obrigatória na maioria das universidades e um dos pontos mais importantes do projeto. Afinal, nesse momento, tudo o que foi produzido será "vendido" para os integrantes da banca examinadora. Por isso, neste livro, há um capítulo específico sobre a apresentação do projeto, com dicas e sugestões para as dúvidas mais comuns.

Atenção redobrada deve ser dada à ordem de apresentação às bancas. Essa ordem é estabelecida pela coordenação dos projetos, e os alunos são informados sobre isso com antecedência.

O tempo de apresentação de cada grupo é normalmente de 30 a 40 minutos. O tempo máximo permitido é de 40 minutos para não cansar o público, visto que se trata de uma defesa pública, aberta a todos.

Por isso, atrasos ou "estouro do tempo" normalmente são penalizados com perda de pontos, e a não apresentação resulta geralmente em reprovação.

Banca examinadora

A composição da banca examinadora varia de instituição para instituição e pode ser da seguinte forma:

- apenas professores orientadores,
- professores orientadores e professores convidados da própria faculdade e de outras instituições,
- professores orientadores e profissionais das áreas envolvidas,
- ou uma combinação dessas possibilidades.

Vale destacar que a definição do tipo de banca examinadora e dos integrantes que farão parte dela cabe ao coordenador do projeto e não aos alunos.

Avaliação

A avaliação dos projetos experimentais se processa com base nos seguintes critérios:

- *Planejamento*: conjunto de informações, diagnóstico, planejamento (*marketing* e/ou comunicação), criação, produção visual e textual, forma de apresentação do plano e cumprimento do cronograma.
- *Mídia*: adequação ao planejamento, estratégias e táticas, criatividade no uso da verba, apresentação escrita do plano de mídia e cronograma com respectivas justificativas.
- *Criação*: adequação ao planejamento e à mídia, originalidade, roteiro, textos, *layouts*, acabamento das peças e produção de textos.
- *Produção (rádio, televisão e cinema – RTVC)*: roteiro, *storyboard*, decupagem, organização/direção, edição, sonorização, produção, *pack-shot* e *time*.
- *Apresentação*: organização, persuasão, tempo de apresentação, clareza, materiais utilizados e qualidade da argumentação.
- *Ética e legislação*: o grupo ainda será avaliado pelo cumprimento ao Código de Defesa do Consumidor e ao Código Brasileiro de Autorregulamentação Publicitária e pela postura ética, acadêmica e profissional dos componentes. Esses critérios são decisivos para a definição do parecer final, que indicará se o projeto será considerado satisfatório ou insatisfatório, podendo ainda ser aplicados para avaliação individual no que tange aos aspectos éticos. Observados esses critérios, os alunos poderão ter notas diferenciadas, uma vez que as áreas de assessoria poderão proceder a avaliações individuais dos componentes de cada equipe. Os casos não previstos no regulamento do projeto oferecido aos alunos normalmente são analisados e decididos pelo grupo de professores (colegiado).

* *Premiações*: comumente é atribuída uma premiação aos melhores trabalhos. Essa premiação ocorre por meio do parecer da banca examinadora e dos orientadores, em que são indicados os trabalhos que tiveram um destaque especial em cada uma das áreas do projeto, tais como: comercial de TV, anúncio de mídia impressa, *spot*, *jingle*, planejamento, promoção de vendas e *merchandising*, apresentação, direção de arte, redação, responsabilidade social, patrocínio ou projeto especial etc.

Além disso, é bastante comum que as instituições aproveitem a oportunidade para definir ou indicar os melhores trabalhos que poderão ser inscritos em concursos universitários promovidos pela Associação dos Profissionais de Propaganda (APP) e Sociedade Brasileira de Estudos Interdisciplinares da Comunicação (Intercom).[1]

Como iniciar o projeto?

Eis a pergunta que sempre surge na cabeça do estudante de propaganda: "Por onde devo começar?". Pelo começo, ora! Mas qual é o começo do trabalho?

Como já mencionado, é fundamental formar um grupo de trabalho no qual você poderá confiar e que será capaz de produzir. Na seção anterior, vimos como os projetos devem ser estruturados, organizados e avaliados. Daqui em diante, "é mãos à obra mesmo". Então, é imprescindível que cada integrante do grupo tenha uma tarefa bem definida, e uma das etapas mais importantes do projeto é a seguinte: procurar um cliente.

Tenho algumas sugestões e opiniões sobre o assunto, mas trata-se apenas de sugestões; cada pessoa tem uma maneira própria de buscar o cliente. A seguir, apresentam-se algumas dicas sobre como encontrar o cliente.

Networking

Networking quer dizer rede de contatos. Na empresa em que trabalha, você tem contato mais próximo com o diretor de *marketing*? Há um parente ou amigo que possa apresentar você a pessoas que atuam nessa área? Não se acanhe, peça ajuda e colaboração.

---

[1] Mais informações sobre a APP e Intercom estão disponíveis em: <www.appbrasil.org.br> e <www.intercom.org.br>. Acesso em: 12 jan. 2015.

Prospecção

Outra forma de encontrar o cliente é pela prospecção, ou seja, ir à luta e estabelecer contatos diversos para obter resultados positivos. Nessa etapa, alguns estudantes se deixam abater pelo desânimo, pela falta de atenção por parte das empresas ou pelos inevitáveis "nãos" recebidos!!! Mas será que é tão difícil assim? Ou você está fazendo as coisas erradas?

Todos nós sabemos que os profissionais dessa área são normalmente muito atarefados e não têm tempo a perder. Por isso, é preciso saber abordá-los de maneira sutil, de modo a não importuná-los e fazer desse contato algo prazeroso e produtivo para ambos.

No entanto, antes dessa abordagem, é fundamental definir que tipo de cliente você quer. Isso mesmo!!! No mercado publicitário, nem sempre as agências podem escolher o cliente que gostariam de atender, pois quem paga a conta no final do projeto é ele. Como esse não é o seu caso, pelo menos por enquanto, todo o esforço e custo do investimento cabem exclusivamente a você. Então se dê a este luxo: escolha seu cliente!

Como? Primeiro, converse com os colegas de grupo sobre o tipo de produto que gostariam de trabalhar no projeto.

Procure fugir do óbvio, mas também não seja erudito demais.

Isso quer dizer o seguinte: em geral, os estudantes de Propaganda são jovens, na faixa etária de 19 a 25 anos e principalmente das classes A e B. Essas pessoas têm características e hábitos de consumo que normalmente influenciam de forma significativa as decisões relacionadas aos tipos de produto com os quais o grupo trabalhará. Invariavelmente, os projetos resultarão em campanhas de bebidas, *fast-foods*, automóveis, salgadinhos, produtos alimentícios prontos para comer etc. Não que não seja bom desenvolver campanhas para esses setores, muito pelo contrário. Trata-se de setores com altas verbas e que possibilitam a produção de excelentes projetos. Contudo, as marcas líderes desses setores estão frequentemente na mídia, o que gera inevitavelmente comparações entre o que está sendo veiculado no momento e o que já foi desenvolvido.

Não quero com isso subestimar a capacidade e o potencial dos estudantes, mas poupá-los de comparações desnecessárias, ou seja, associar campanhas produzidas muitas vezes com recursos de altíssima tecnologia, em alguns casos até no exterior, com aquelas feitas por estudantes, cujos recursos são, em geral, escassos.

É claro que é sempre possível fazer algo muito criativo e inovador com poucos recursos tecnológicos e financeiros, mas isso dependerá muito da linha criativa a ser traçada. Por isso, é bom evitar esse tipo de barreira pelo caminho logo no início.

Lembre-se ainda de que erudição em excesso não é um bom vetor na busca por clientes. O que isso quer dizer? Não procure empresas ou produtos complexos demais, ou seja, aqueles que não são veiculados na mídia de massa e não podem ser utilizados pela maioria das pessoas, pois isso será um grande limitador para o desenvolvimento de seu projeto. O objetivo do projeto experimental é estimular você a utilizar todas ou quase todas as ferramentas de comunicação estudadas durante todo o curso. Então, trabalhar, por exemplo, com matérias-primas, insumos ou produtos de empresa para empresa (*business to business* – B2B) será um fator restritivo para que você demonstre a todos a sua capacidade de planejar e criar.

Assim, durante as reuniões de grupo, podem surgir diversas ideias sobre produtos ou setores que podem ser interessantes, o que resultará certamente no desenvolvimento prazeroso do projeto.

Selecionado o setor, é hora de identificar as empresas.

Como procurar um cliente?

Suponhamos que o seu grupo tenha escolhido o setor de "relógios". Nesse caso, é fundamental listar todas as marcas de relógios conhecidas. Nos *websites* de busca da internet, pesquisem "relógios marcas". Vocês se surpreenderão com a quantidade de marcas e possibilidades inimagináveis. Em geral, as marcas menos conhecidas são mais receptivas à colaboração no desenvolvimento de um projeto, pois as empresas são menos assediadas pelos estudantes.

Antes de fazerem contato com a empresa, visitem os *websites* das empresas e dos produtos que interessam a vocês e conheçam um pouco mais as características deles.

Feito isso, vocês já estão com uma relação mais enxuta de empresas que gostariam de contatar. Entretanto, agora vem a parte mais difícil.

Em geral, quem fornece as informações para o desenvolvimento desse tipo de projeto é o gerente ou diretor de *marketing* da empresa. No entanto, dificilmente vocês conseguirão falar com ele sem que tenham um contato pessoal ou amigo dentro da própria empresa.

É importante também verificar o calendário de feiras e eventos das maiores organizadoras do setor, como a Alcantara Machado e Guazzelli Feiras Messe Frankfurt. Essa é uma boa oportunidade para contatar os clientes pessoalmente, pois assim fica mais difícil dizer um "não".

Entretanto, a visita às feiras que acontecem em São Paulo ou em outras capitais dependerá mais da possibilidade de os estudantes "casarem" as datas desses eventos com o calendário escolar, para que possam fazer o contato em tempo de obter as informações e desenvolver o projeto; a não ser que o grupo seja precavido e visite as feiras com antecedência, no quinto ou sexto semestre, e já tenha feito os contatos previamente. Nesse caso, parabéns!

Agora, se você é como a maioria dos profissionais da área e só trabalha bem sob pressão, é hora de botar a mão no telefone e se preparar para ouvir muitos "nãos!!!".

Desanimador? Nem tanto...

Vou contar-lhes um segredinho. Não espalhem, ok?

Também passei por isso e obtive bons resultados...

Eu sabia que, se ligasse para as empresas, pedisse para falar com o diretor de *marketing* e dissesse que era um estudante que queria fazer um trabalho sobre a empresa, a secretária dificilmente passaria a ligação e com certeza me dispensaria ali mesmo; afinal esse é o papel dela, não é mesmo?

Então, use a criatividade, oras!

Procure revistas especializadas em *trade*, às quais os executivos costumam dar entrevistas, e anote os nomes para posterior contato.

Se eu não tiver acesso a essas revistas ou se, nas que encontrar, não constar nenhuma entrevista, quem devo contatar?

Aí, não há jeito: é preciso "driblar" a secretária com uma abordagem comercial, ou seja, diga de que empresa está falando (pode ser a que você trabalha mesmo ou da própria universidade) e que precisa confirmar os dados cadastrais da empresa para correspondência. Peça então o nome completo do gerente ou diretor de *marketing*, endereço, *e-mail*, número de fax etc.

Ficou mais fácil, certo? Agora você já tem o nome completo, o número de fax e até o *e-mail* do responsável pela conta que pretende atender, ou seja, seu cliente.

Isso também vale para enviar currículos (risos).

Bom, agora é preciso redigir uma carta, na qual explanará suas necessidades e expectativas em relação ao projeto. Enfim, aquilo de que você precisa.

Seja objetivo na carta, mas antes defina um título. Eis um exemplo: "Apresentação de proposta de projeto".

Estruture o texto em três parágrafos:

- No primeiro parágrafo, faça algum tipo de elogio ao produto ou serviço oferecido pela empresa. Não se esqueça de apresentar os motivos que levaram você a se interessar pela empresa e por aquilo que ela produz. Enfim, por que você decidiu contatá-la.
- No segundo parágrafo, apresente-se. Informe que se trata de um grupo de estudantes, indique o curso e a instituição e o que você e seus colegas desejam com o contato (autorização e informações para realização do projeto).
- Por fim, expresse sua admiração por profissionais bem-sucedidos, como o destinatário, e mencione que você acredita que ele já passou por essa fase quando estava em formação e, por isso, espera contar com a colaboração.

Dessa forma, você poderá gerar uma reflexão a respeito de sua proposta e animá-lo a colaborar.

Assim ficou mais fácil, não é?

Mas atenção: como a redação da carta é muito importante para causar uma boa impressão, muito cuidado com os erros de português.

Como solicitar as informações?

Feito o primeiro contato por meio do envio de sua carta destinada ao seu futuro cliente por fax ou *e-mail*, aguarde um ou dois dias pelo retorno. Caso não tenha recebido nenhum retorno, não hesite em telefonar para confirmar o recebimento. Se a empresa não recebeu a carta, reenvie e, desta vez, retorne a ligação em seguida para certificar-se do recebimento.

Mas atenção ao seguinte aspecto: muitas vezes, apesar de todos esses cuidados, as empresas não aceitam colaborar por falta de tempo. E isso deve ser respeitado.

Nada de respostas malcriadas, ok?

Se os 20 ou 30 contatos que você tentou em princípio não deram certo, tente mais 20 ou 30. Você tem ideia do número de empresas que existem somente na região da Grande São Paulo? Ou no Estado todo, ou no Brasil?

Opções, portanto, não faltam, e desconheço algum aluno que tenha deixado de fazer o projeto por falta de colaboração ou opções de empresas.

Agora, se a resposta foi positiva – "Ok. Estamos dispostos a colaborar" – ou interrogativa: "Que tipo de informações necessitam?", tenha cuidado, pois nada está resolvido. Não descarte os outros contatos anteriores...

Passemos então para as próximas etapas.

Agora é o momento de solicitar as informações necessárias para o desenvolvimento do projeto, mas vocês não podem pedir tudo de uma só vez, sob pena de assustar o cliente com o volume de informações e levá-lo a declinar da intenção de colaborar.

O ideal é o seguinte: de posse do roteiro do *briefing* que você terá mais adiante, pesquise no próprio *website* do cliente as informações disponíveis. Se já houver alguma revista ou jornal que aborde os aspectos do produto ou serviço a ser trabalhado, reúna esse material. Com base nessas informações, você terá uma ideia mais precisa de que dados deverá obter do cliente.

Basicamente, as informações referem-se a: empresa, produto, mercado de atuação, consumidor, distribuição, preços, razões de compra, concorrência, pesquisas realizadas, objetivos de mercado, obrigatoriedades na comunicação (se houver) e verba (esse ponto merece um destaque especial).

Assim, a solicitação fica mais enxuta e dá mais liberdade para que o cliente possa responder da maneira que melhor lhe convier.

É importante deixar claro que serão necessários outros contatos para detalhar mais informações ou esclarecer dúvidas sobre os pontos abordados, pois existem itens que são essenciais e sem os quais não é possível desenvolver um bom projeto.

Cuidado com a verba!

Quanto à verba, é fundamental saber se o cliente possui capacidade de investimento suficiente para que seja possível o desenvolvimento de uma campanha satisfatória.

Qual é a verba ideal para o desenvolvimento de uma campanha?

Isso varia muito de setor para setor, mas é importante ter em mente o seguinte: se o projeto experimental é o momento em que você deve trabalhar com todas ou quase todas as ferramentas que conheceu e estudou durante o curso, é fundamental ter uma verba suficiente para isso.

Como o investimento em mídia-TV, por exemplo, é bastante alto, recomendo que busquem clientes com capacidade de investimento superior a US$ 500 mil. Pode parecer muito, já que poucas pessoas têm uma quantia como essa, não é mesmo? Mas, para empresas de médio e grande portes, de produtos ou serviço de consumo de massa, distribuídos em grandes centros urbanos no Rio de Janeiro e São Paulo, esse valor não é exorbitante.

Outro ponto importante a ser destacado refere-se à conquista de clientes com contas muito grandes, verbas muito altas; nesse caso, é melhor fracioná-las e trabalhar com apenas a fatia a uma determinada região. É claro que isso deverá estar muito bem justificado em seu planejamento ou com uma linha específica de produto, sob pena de que o grupo acabe se perdendo durante o processo, sem saber como investir tanto dinheiro. Portanto, cuidado também com verbas muito grandes, sobretudo com aquelas superiores a US$ 10 milhões.

Quais são as informações essenciais?

Pode-se afirmar que todas as informações solicitadas no modelo de *briefing* são de fundamental importância, entretanto não se pode descartar um cliente porque ele não tem, não quer ou não pode fornecer determinado tipo de informação. Contudo, é importante saber se a informação que ele não disponibiliza você terá condições de obtê-la de outra maneira, ou seja, por meio de fontes secundárias (matérias em revistas ou jornais especializados, anuários, livros, internet, institutos de pesquisa etc.) ou terciárias (por meio de uma pesquisa desenvolvida pelo próprio grupo).

Caso essas informações não sejam disponibilizadas nem passíveis de ser obtidas de outras formas (fontes secundárias ou terciárias), é melhor buscar outro cliente o mais rápido possível. Por isso, como já mencionado, não descarte as outras alternativas (clientes prospectados) antes de ter certeza de sua escolha e ter testado a eficácia do canal de comunicação com o cliente.

Contudo, cabe aqui destacar um aspecto: há informações imprescindíveis que, em alguns casos, não são disponibilizadas e podem impossibilitar a realização do trabalho, por serem exclusivas do cliente.

Informações sobre o mercado

- *Tamanho do mercado*: embora nem sempre o setor seja acompanhado por institutos de pesquisa, pode-se realizar uma pesquisa para obter informações sobre o tamanho do mercado.

- *Principais mercados*: Como no item anterior, embora nem sempre o setor seja acompanhado por institutos de pesquisa, é possível realizar onde que permita obter informações sobre os principais mercados.
- *Participação do produto em mercados regionais*: mesma situação dos itens anteriores.
- *Evolução de um mercado específico*: mesma situação dos itens anteriores.

Contudo, o não fornecimento dessas informações não descarta de imediato o cliente, pois, em muitos casos, é possível obter esses dados por meio de fontes secundárias ou terciárias.

Distribuição

- *Canais de distribuição*: é fundamental saber quais são e qual é a representatividade de cada um deles.
- *Percepção do cliente sobre os canais*: é importante saber o que o cliente considera como fragilidades e oportunidades nos canais de distribuição, para que eles sejam também trabalhados de forma eficaz.
- *Restrições éticas, legais ou políticas*: é importante saber se existem ou não, para que não seja elaborada nenhuma estratégia inviável.

Os aspectos relacionados à distribuição também não eliminam a possibilidade de se trabalhar com o cliente, entretanto dificultam muito todo o processo, pois é muito complicado conseguir essas informações por outras fontes. Caso seja possível, não há problemas.

Concorrência

É fundamental obter do cliente o máximo de informações sobre os concorrentes, contudo o pouco ou superficial acesso a elas não impedirá a realização do projeto, desde que o grupo seja capaz de obter dados completos e consistentes por outras maneiras (fontes). Vale destacar que isso demandará um pouco mais de tempo e exigirá empenho da equipe.

Objetivo de mercado

Esse é um ponto fundamental, sem o qual não é possível realizar o trabalho, pois trata-se de informação primordial para que o trabalho seja realizado. Afinal, o propósito do projeto é desenvolver uma campanha capaz de criar condições favoráveis para o cliente atingir os objetivos mercadológicos. Se você não sabe aonde quer chegar, como poderá partir?

Cabe salientar que algumas empresas podem dar "chutes" ou sugestões pouco realistas, mas cabe ao grupo questioná-las sobre a veracidade ou exequibilidade das informações e pretensões.

Eis um exemplo: a empresa X tem 5% de *share of market* e pretende com a campanha chegar a 30%. O setor é muito competitivo, a empresa já atua no mesmo segmento há mais de dez anos, e a soma de investimentos destinada ao grupo é similar aos valores investidos anteriormente. Como alcançar então esse objetivo? Fica claro que aqui não há um comprometimento com a realidade.

Dobrar ou multiplicar o faturamento da empresa por dois ou três também é algo bastante difícil para setores competitivos da economia, além de depender de uma capacidade de produção ociosa atual, muito grande, coisa que dificilmente vemos nas empresas.

Outro aspecto importante é verificar se a capacidade de produção da empresa é capaz de dar conta do aumento de demanda que se pretende. Caso contrário, estaremos criando expectativas para em seguida frustrá-las.

Verba disponível

É essencial saber o montante a ser investido pela empresa, para que a campanha seja feita com base em dados reais. Caso a empresa não tenha esse valor ainda definido, é imprescindível que se saiba o faturamento anual da empresa, para que se possa estimar o montante destinado ao projeto publicitário. Contudo, os percentuais investidos oscilam bastante e costumam variar de 2 a 5% do faturamento, de acordo com a competitividade do setor. Mas o que fazer em casos de lançamentos? Se não há histórico, como definir a verba? Os empresários nunca lançam produtos no mercado a esmo. Sempre se fazem projeções baseadas no potencial do mercado e no faturamento pretendido. Com base nisso, o cliente poderá estimar uma verba, sem a qual não é possível desenvolver o projeto.

Como buscar informações complementares?

Existem inúmeras maneiras de obter informações complementares para dar maior consistência ao seu *briefing*, mas isso dependerá, é claro, da dedicação e criatividade do grupo para consegui-las.

Cabe salientar que as informações complementares referem-se àquelas que o cliente não teve condições de fornecer e que são, como já mencionado, obtidas por fontes secundárias ou terciárias.

Chamamos de fontes secundárias todas as fontes de informações consolidadas disponíveis que podemos consultar: revistas, jornais, anuários, enciclopédias, internet, teses, bancos de dados etc.

Mas como saber exatamente que fontes poderão fornecer essas informações? Hoje em dia, a internet ajuda muito nesse sentido. Mesmo que as informações de que você necessite não estejam todas lá disponíveis, a internet facilita muito os caminhos para localizá-las. Por exemplo, pela internet, o estudante envolvido em um trabalho sobre determinada marca de vinhos poderá encontrar o *website* e o contato da Associação Brasileira de Vinicultores, na qual certamente poderá obter mais informações sobre o mercado e também sobre publicações existentes sobre o assunto.

É importante enfatizar a importância de indicar em seu projeto a fonte das informações e, sempre que possível, juntar cópia desse material para ser integrada ao trabalho no item "anexos".

Como elaborar sua pesquisa?

Esgotadas todas as possibilidades de obter informações com o cliente (fonte primária) e por meio das fontes secundárias, é o momento de fazer um *check list* de todos os itens de seu *briefing*, para verificar, mais claramente, quais precisam ser pesquisados, ou seja, quais necessitam de informações oriundas de fontes terciárias (aquelas produzidas pelo grupo por meio de pesquisa).

Seja crítico com os dados obtidos quanto à credibilidade/confiabilidade e consistência deles. E por fim relacione:

- Os itens aos quais você não teve acesso com as informações;
- Os itens aos quais você teve acesso com as informações obtidas, que, no entanto, apresentam pouca consistência ou profundidade (normalmente, isso acontece quando as informações são passadas pelo cliente apenas por *e-mail*; nesse caso, agende antes uma entrevista para detalhar pessoalmente os pontos nebulosos com o cliente);
- Os itens aos quais você teve acesso, mas que, por algum motivo, não lhe parecem muito confiáveis.

Tendo isso claro, é hora de discutir esses pontos com seu orientador e verificar se as informações obtidas são suficientes para dar andamento ao trabalho ou há necessidade de fazer uma pesquisa de campo ou, na pior das hipóteses, trocar de cliente.

Caso seu orientador acredite que uma pesquisa de campo seja suficiente para fechar o *briefing*, é o momento de definir com ele alguns critérios:

- A pesquisa será quantitativa ou qualitativa?
- Qual deve ser o tamanho da amostragem?
- Em que datas e locais serão realizadas as pesquisas?
- Como os resultados serão apurados?

Não cabe aqui explicitar as diversas formas de elaboração de questionários ou formulários de pesquisa, mas é importante que você tenha em mente que o principal, na pesquisa de campo, é saber, antes de tudo, qual é o objetivo dela, ou seja, que tipo de informação pretende obter com essa atividade.

Caso a pesquisa seja quantitativa, procure sempre que possível fazer perguntas fechadas, de forma a facilitar a tabulação ao final da aplicação e as conclusões.

Quando se tratar de pesquisas qualitativas ou entrevistas, elabore antecipadamente um roteiro ou uma pauta de entrevista para que nenhum ponto deixe de ser esclarecido e esteja sempre preparado para contra-argumentar, a fim de obter mais informações ou explicitar algum ponto que não tenha ficado claro na resposta inicial do entrevistado.

Lembre-se de que o seu orientador deve aprovar o questionário elaborado antes da efetiva aplicação. Para facilitar todo o processo, o questionário deve ter uma sequência cronológica. Se não houver esse cuidado, o processo deverá ser refeito. E você não deseja isso, certo?

Feitas as pesquisas, é o momento da tabulação. Como já mencionei, em pesquisas quantitativas, as perguntas fechadas são importantes para facilitar a tabulação. Por isso, exemplifique os resultados obtidos com a pesquisa por meio de gráficos, *pizzas*, barras ou outros artifícios, de acordo com o que pretender explicitar. É importante que quem veja o gráfico compreenda facilmente o resultado que a pesquisa apurou, sem a necessidade de explicações complementares.

Contudo, se o objetivo da pesquisa for complementar as informações do *briefing*, destaque esse aspecto. Nesse caso, faça um comentário sobre os dados apurados, uma vez que eles foram produzidos pelo grupo. Não se esqueça de mencionar a procedência dessas informações.

As demais informações pesquisadas devem ser apresentadas no item "pesquisa" do *briefing*, com a conclusão a que chegou o grupo sobre o resultado obtido.

Briefing

Como modelo de *briefing*, sugiro o desenvolvido pela Comissão de Planejamento do Grupo de Atendimento da Associação Brasileira de Anunciantes (ABA), que teve por objetivo criar um instrumental de trabalho para que o profissional de atendimento possa desempenhar suas atividades da forma mais profissional possível.

Assim, nesse roteiro, os idealizadores procuraram ser bastante universais, de modo que, quando utilizado, o profissional ou estudante terá apenas que fazer a adequação das informações solicitadas ao produto ou serviço que for anunciado.

Cabe salientar que, por ter sido desenvolvido especificamente para produtos, é necessário um acompanhamento, passo a passo, de todas as etapas pelos orientadores, para que o aluno não se perca ao fazer essas adaptações, sejam elas para o setor de serviços e comércio varejista, sejam serviços de utilidade pública ou social.

Roteiro para coleta de informações de produto

> **IMPORTANTE:** No *briefing* e diagnóstico, o texto deve ser elaborado sempre na terceira pessoa do singular, pois "eles", da empresa "XDM", agem dessa forma, estão em determinada situação.

I – Briefing (Modelo A)[1]

1.1 Histórico da empresa

Esse item normalmente é um dos mais fáceis de obter, pois grande parte das empresas disponibiliza essa informação no próprio *website*.

Nesse histórico, deverá constar a história da própria empresa, ou seja, onde, quando e por que a empresa surgiu. Indicam-se os momentos de maior destaque ou relevância na história da empresa, incluindo um cronograma com os principais lançamentos e a atual linha de produtos (sem detalhá-los). Outros dados importantes que devem constar no histórico: a relevância da empresa para o setor em que atua, a missão, o posicionamento perante o mercado etc.[2]

1.2 Histórico do produto

Nesse item, deve-se descrever como, quando e por que surgiu o produto ou a marca, além de dados referentes ao tempo em que o produto está no mercado, a evolução dele ao longo dos anos etc.

Devem-se indicar apenas informações descritivas que também costumam, em alguns casos, ser disponibilizadas no *website*.

1.3 Histórico da comunicação

É importante demonstrar como foi construída a imagem da empresa ao longo do tempo. Para tanto, descreva tudo o que já foi realizado para divulgação do produto. Inclua imagens de peças, anúncios publicados e/ou veiculados, mencionando o período e veículo, assim como ações promocionais, campanhas de incentivo, feiras, eventos etc.

1.4 Produto

Os exemplos apresentados a seguir em *itálico* estão bastante resumidos e se referem a produtos fictícios de segmentos variados do mercado. Servem apenas como elementos elucidativos, com o propósito de ilustrar o assunto aqui abordado. Na realização de seu projeto, são necessárias descrições mais detalhadas.

1.4.1   Nome(s): *relógios Kerbitz*.*[3]

---

[1] A numeração apresentada é uma referência para uso na elaboração do projeto, não correspondendo à subdivisão do conteúdo dos capítulos.
[2] Mais informações estão disponíveis em: <www.bunge.com.br>. Acesso em: 7 jan. 2015.
[3] Todos os nomes e marcas identificados por este símbolo * são fictícios

1.4.2 Categoria: *relógios de pulso, joia*.

1.4.3 Local de uso ou aplicação: *o produto deve ser usado diariamente e também em ocasiões especiais, por ter características de sobriedade e elegância que combinam com todas as ocasiões, entretanto, em razão do preço acessível, é usado principalmente na rotina do dia a dia, seja no trabalho, em local de estudo, em casa ou no esporte e lazer.*

1.4.4 Embalagens (tipos, pesos, conteúdo, sabores, versões etc.): *o produto é comercializado em estojo plástico (imitação de madeira de carvalho), com forro em veludo vermelho. A versão feminina mede 10 x 9 cm de tamanho por 5 cm de profundidade. Na versão masculina, as medidas são as mesmas, entretanto o estojo é mais escuro (imitação do jatobá) com forro de veludo preto. Os modelos femininos têm as seguintes características: formatos ovalado, retangular, redondo e quadrado, com pulseira dourada e prateada e mostrador preto ou branco, com algarismos romanos ou arábicos. A versão masculina é encontrada apenas no formato redondo, com pulseira prateada, mostrador preto ou branco e com algarismos romanos ou arábicos.*

1.4.5 Formas de uso/consumo por escala de importância e sazonalidade: *o produto é utilizado no pulso do braço esquerdo, normalmente destinado a visualizar as horas e nortear o usuário para o cumprimento de horários do dia a dia. Geralmente, também é utilizado como uma peça de adorno, uma joia, seja durante a rotina diária, seja aos finais de semana.*

1.4.6 Definição de preços para os canais de distribuição: descreva como são definidos os preços praticados por canal de distribuição e qual é o percentual de lucro líquido médio para cada canal. Exemplo: *Os preços praticados pela empresa geram um lucro líquido médio de aproximadamente 35% quando comercializados para os grandes varejistas e 40% quando negociados com os pequenos. Os relógios são vendidos então para os primeiros por cerca de R$ 50,00 e para os segundos por aproximadamente R$ 55,00 (de acordo com a quantidade e o prazo de pagamento).* Para ficar mais clara essa definição de preços, pode-se elaborar uma tabela na qual constem os principais produtos, o canal de distribuição, a margem de lucro e o preço praticado.

1.4.7 Composição industrial/matérias-primas: *o produto é feito em aço, cobre, zinco, ferro e estanho, fundidos e lapidados. Recebe também um banho de cromo ou dourado.*

1.4.8 Imagem do produto no mercado (aqui deve ser descrita a percepção que o consumidor tem do produto, e não aquela pretendida pelo cliente): *os relógios Kerbitz têm um* design *moderno e compacto. Apesar de a empresa adotar tecnologia avançada, importada da Suíça, em pesquisas realizadas pelo instituto Picture Corp.*, verificou-se que os consumidores consideram a marca Kerbitz* ruim. Poucos são os que se lembram do produto, e os que conhecem a associam a uma imagem de má qualidade e pouca tecnologia, além de não ser uma opção pela maioria dos consumidores na hora da compra.*

1.4.9 Principais características diferenciadoras em relação à concorrência (nesse ponto, devem-se explicitar as principais características que diferenciem o produto dos concorrentes, seja a variedade de tamanhos, cores, formato, preço, qualidade dos materiais utilizados, facilidade no uso ou aplicação, embalagem etc.): *as principais características diferenciadoras são o* design *extrafino, a qualidade e a tecnologia equivalentes aos modelos suíços, bateria com grande durabilidade, possibilidade de substituição de pulseiras que combinam com cada momento da vida e garantia de troca do produto em caso de defeito por dois anos, fornecida pelo fabricante.*

1.4.10 Principais pontos positivos (devem-se destacar os fatores que levam o consumidor a optar por esse produto, e não pelo concorrente – argumentos de venda): design *arrojado, produto completo (tem todos os recursos de tecnologia avançada), preço acessível e garantia de dois anos.*

1.4.11 Principais pontos negativos (nesse caso, devem-se evitar comparações com os concorrentes, pois isso poderá ser um aspecto desfavorável): *baixo* recall *da marca e associação do consumidor a produto de baixa qualidade e com pouca tecnologia. Produto nem sempre disponível nos principais pontos de venda (PDVs). Quando encontrado, não há disponibilidade de todas as opções de modelo, o que ocorre pela dificuldade de introdução de toda a linha em muitos locais de revenda, já que o mercado não conhece a marca.*

1.5 Mercado

1.5.1 Tamanho do mercado: entende-se por tamanho do mercado a quantidade de produtos dessa categoria ou segmento que seja comercializada anualmente, seja por valor monetário, seja em número de peças. É importante destacar o tamanho atual do mercado e o potencial dele, pois, em alguns casos, o tamanho atual do mercado pode ser pequeno, mas o potencial de crescimento pode ser elevado. *Foi o que aconteceu há pouco tempo com os DVDs e acontece atualmente com os* tablets *e* smartphones.

1.5.2 Principais mercados: os principais mercados são as regiões onde existe maior consumo ou demanda pelo produto atualmente, independentemente dos canais de distribuição ali utilizados; é para onde se destina a maior parte da produção. É importante destacar esse aspecto por meio de dois gráficos (barras ou um mapa geográfico): em um, devem-se salientar as regiões e a representatividade percentual delas na comercialização da categoria de produtos como um todo; no outro, deve-se enfatizar a representatividade de cada região no faturamento do produto do cliente em questão. *A Grande São Paulo e/ou o Estado de São Paulo são os maiores mercados consumidores do país, entretanto existem produtos regionais que não são distribuídos nessas regiões. Portanto, é necessário verificar os principais mercados do produto como um todo e para a empresa, a fim de que seja possível também, se for o caso, apurar os mercados em potencial.*

1.5.3 Participação de mercado do produto nas praças atendidas: se no item anterior devem-se destacar as áreas mais expressivas para o faturamento e comercialização do produto, aqui é importante enfatizar a participação da empresa nessas regiões, além dos principais concorrentes locais. Esse tipo de participação deve ser registrado em um gráfico (uma *pizza* ou um mapa geográfico).

1.5.4 Evolução do mercado: nesse tópico, deve-se comparar, por meio de um gráfico, o crescimento na comercialização dessa categoria de produto e relacioná-lo ao crescimento do produto comercializado pelo cliente. Assim ficará fácil a visualização do desempenho do produto em determinado período, observando se o crescimento percentual foi equivalente, superior ou inferior ao percebido no mercado em que está inserido. Para evidenciar esse aspecto, o gráfico mais apropriado é o de barras/duplo. Recomenda-se também que a comparação seja feita ano a ano e que sejam considerados pelo menos os últimos três anos, para que não haja interferência na apuração dos dados pelo fato de esta ter sido baseada em épocas de picos ou baixa de demanda.

1.5.5 Sazonalidade: refere-se a épocas ou períodos do ano em que o produto é consumido com grande intensidade. *Podemos considerar como produtos sazonais: panetones, ovos de Páscoa, protetores solares etc. Entretanto, existem outros produtos que, apesar de não terem a comercialização ligada dire-*

tamente a uma data comemorativa ou estação do ano, apresentam grandes picos de demanda que devem ser destacados, tais como: sorvetes e aparelhos de ar-condicionado no verão, parques temáticos no período de férias escolares etc. A sazonalidade do produto ou os picos de demanda devem ser evidenciados também por meio de um gráfico de barras, no qual deverão ser destacados os meses e/ou períodos do ano com a comercialização proporcional ao período em questão, por meio de percentuais baseados no total comercializado durante todo o período ou quantidade de produtos.

1.6 Consumidor (defina quem consome e/ou usa o produto)

1.6.1 Classificação socioeconômica: sexo, classe social (ver o Critério de Classificação Econômica Brasil – Critério Brasil –, metodologia criada pela Associação Brasileira de Empresas de Pesquisa – Abep),[4] faixa etária, grau de escolaridade, estado civil e ocupação profissional. Exemplo: *homens e mulheres das classe A e B, entre 20 e 25 anos, com grau de instrução superior (ou em curso), solteiros, estudantes e com ocupação profissional qualificada e diversificada.*

1.6.2 Perfil psicográfico: defina os hábitos e as atitudes dos consumidores, os locais que frequentam, os hábitos de consumo e lazer, as formas de convívio e relacionamento social, os modos de deslocamento (transporte para o trabalho), os valores socioeconômicos e o comportamento em relação ao produto, como periodicidade de compras, quantidades compradas, preferências etc. Exemplo (*fast-food Sabormax**): *os consumidores dessa rede costumam ir ao cinema pelo menos uma vez por mês, frequentam semanalmente shopping centers, frequentam festas, eventos, boates, bares e lanchonetes da moda, valorizam grifes, adquirem produtos principalmente pela qualidade e pelo* status *que proporcionam e estão sempre em grupos de amigos. Têm bom relacionamento familiar e social (com colegas de trabalho e estudo), deslocam-se em veículo próprio e, em algumas oportunidades, utilizam o metrô. A frequência na rede de* fast-food *varia de acordo com a necessidade de cada consumidor e a região onde ele trabalha ou estuda. Entretanto, podem-se considerar duas visitas mensais a essa rede de* fast-food, *quando o cliente gasta, em média, R$ 15,00. Os produtos preferidos por esse público são: sanduíche Max*, grelhado Max Super* e frango Max Chicken*.*

---

[4] Mais informações sobre o Critério Brasil estão disponíveis em: <www.abep.org>. Acesso em: 11 ago. 2014.

1.6.3 Influências no processo de compra:
  1.6.3.1 Social: descreva os tipos de influência a que o consumidor esteja exposto e quais podem ser relevantes. Exemplo: *esse público é influenciado diretamente pelo grupo do qual faz parte. Faz as refeições de maneira rápida para dar conta de atender às demandas do dia agitado de trabalho. O grupo social ao qual pertence, do trabalho ou estudo, influencia diretamente no local onde as refeições diárias serão realizadas, ou seja, na escolha da rede de* fast-food.
  1.6.3.2 Cultural: outro aspecto importante a ser observado é o cultural, pois o jovem de grandes centros urbanos se identifica com o estilo despojado e informal dos *fast-foods*, que fazem parte da "cultura urbana".
  1.6.3.3 Ambiental: esse tipo de influência leva o cliente a consumir mais ou menos em uma época específica do ano ou em determinado clima. *Apesar de a população da cidade do Rio de Janeiro ser menor numericamente e a renda familiar média ser inferior à da capital paulista, a venda de aparelhos de ar-condicionado é 30% maior. Isso se deve a fatores climáticos e ambientais, ou seja, a temperatura na cidade do Rio de Janeiro é mais elevada.*
  1.6.3.4 Religiosa: nesse caso, um produto pode ser mais procurado ou rejeitado por um grupo específico. *Como determinados grupos religiosos não consomem carne vermelha, é um erro investir na comunicação desse tipo de produto em uma região onde há grande concentração de pessoas com esse perfil. O consumo de velas de parafina, sem dúvida, é muito superior em cidades que têm como principal atividade o culto à religião, como Aparecida/SP, Juazeiro do Norte/CE, entre outras. A mesma situação, mas em posição inversa, pode ser observada, por exemplo, em localidades onde há grande concentração de pessoas que praticam o hinduísmo, religião indiana que considera as vacas animais sagrados.*
  1.6.3.5 Geográfica: concentrações demográficas e localização geográfica na procura e no consumo do produto também são pontos que devem ser identificados, observados e relatados. *O relevo muito acidentado de uma região ou mesmo a grande distância das grandes concentrações populacionais (grandes centros urbanos), por exemplo, pode ser uma barreira para que o sinal das emissoras de TV seja bem recebido pelas antenas de TV convencionais. Essa característica pode ser um fator determinante para a compra*

de antenas parabólicas, capazes de captar a imagem diretamente do satélite, sem depender das torres de retransmissão.

1.6.4 Decisão e local de compra: defina quem, onde e por que compra, e como a decisão de compra é feita. Lembre-se de que nem sempre quem compra um produto irá de fato consumi-lo.

Retomemos o exemplo da rede *fast-food*: *quando o produto é adquirido para consumo próprio, a decisão pelo local de compra, em muitos casos, é tomada em grupo ou individualmente, contudo, quando o consumidor está sozinho, a decisão é apenas dele. Porém, esses locais também são frequentados por pais acompanhados dos filhos, e, nesse caso, a criança pode exercer significativa influência sobre as decisões da família. Podem-se encontrar os locais de compra em* shopping centers *ou no comércio de rua*.

1.7 Distribuição

1.7.1 *Canais utilizados*: defina quais são os canais de distribuição utilizados em cada uma das regiões onde o produto é comercializado e explique, por meio de gráficos do tipo *pizza* ou mapas, a representatividade percentual de cada um dos canais de distribuição nas regiões em questão. Exemplo: *ao analisarmos, por exemplo, a distribuição de salgadinhos* snacks, *da marca Crasch, poderemos considerar os seguintes canais para a distribuição do produto: atacado e varejo, pois dificilmente a empresa faria a distribuição desse tipo de produto por meio de venda por catálogos, pessoal, internet ou mesmo direto ao consumidor em lojas próprias/exclusivas; mas, se fosse o caso, esses também seriam canais de distribuição*. Contudo, no caso citado, vale lembrar que esses dois canais podem se subdividir e cumprir papéis diferentes de acordo com a região, ou seja,

> Os atacadistas podem ainda ser ainda do tipo "pegue e leve", onde a mercadoria fica no estabelecimento atacadista; o varejista escolhe os produtos que tem interesse em comprar e ele mesmo os transporta, o "atacadista de caminhão", aquele que carrega a mercadoria no próprio caminhão, tira os pedidos e entrega no mesmo instante e o *"drop shipper"* (direto), aquele que não faz estoques, tira os pedidos com seus clientes, faz o pedido para a fábrica e envia a encomenda direto para o comprador, não havendo depósito do intermediário. (LAS CASAS, 1999, p. 222)

Já a distribuição por meio de varejistas precisa ser analisada também quanto ao porte e à localização, pois algumas empresas optam por vender os produtos diretamente a todos eles, como é o caso, por exemplo, dos fabricantes de cigarros ou refrigerantes de grandes marcas. Já outras marcas de menor porte do mesmo setor podem optar por uma distribuição por meio de atacadistas, por não ser viável economicamente, pela distância e/ou volume de compra. Contudo, é importante destacar, no caso do exemplo apresentado, que existem diferentes tipos de varejista. Exemplos: *pontos de dose (locais onde o consumidor compra bebidas para consumir no próprio local), tais como casas noturnas, hotéis e restaurantes. Nesse caso, os produtos são normalmente comercializados em embalagens menores. Padarias, lanchonetes e lojas de conveniência (onde pode tanto haver a comercialização para o consumo imediato como para transporte e consumo posterior/residencial) e mercados, supermercados e hipermercados (onde a venda é direcionada especificamente para o transporte e consumo posterior). Nessa última categoria, vale também, em alguns casos, diferenciar os hipermercados dos supermercados e mercados, pois o poder de negociação com os fornecedores, por conta das quantidades adquiridas, é bem maior e, portanto, pode representar um filão diferenciado na distribuição do produto.*

1.7.2   Avaliação sobre o sistema de distribuição: refere-se ao que pode ser feito para que a distribuição possa ser melhorada. Exemplos: *abertura de novos PDVs, distribuição por outros canais, negociação de mais espaços para os produtos nos canais atuais* etc.

1.7.3   Restrições para distribuição: Existem restrições legais, éticas ou políticas para que a distribuição possa ser melhorada? Quais são? Exemplo: *o governo do Estado do Paraná não permite o plantio e a comercialização de produtos transgênicos em seu território. Portanto, se o produto tiver essa característica, isso representará uma barreira legal para que a distribuição do produto seja feita nessa localidade.*

1.8 Preços

1.8.1   Preços praticados: nesse item, deve-se elaborar uma tabela que relacione todos os produtos da linha a serem trabalhados, em todas as suas versões, com os preços médios por canal de distribuição. Exemplo: *se o produto for uma marca de refrigerantes, deverão constar, na tabela, todos os sabores e tipos/tamanhos de embalagens e os preços médios nos diversos canais de distribuição, tais como bares, lanchonetes e lojas de conveniência, hipermercados, supermercados e mercearias.*

1.8.2 Critérios para o estabelecimento do preço: algumas categorias de produtos, como os remédios ou o petróleo, têm os preços acompanhados por órgãos do governo federal e/ou estadual. Por isso, é importante saber se o produto não se enquadra em uma dessas categorias e se isso implica alguma limitação para a empresa. Se não houver nenhuma restrição legal, deverá ser feito um comentário sobre a política de preços utilizada pela empresa (cliente) para o produto, os critérios utilizados etc. Exemplo: *o preço final do produto é composto da seguinte forma: mão de obra (30%), matéria-prima (25%), impostos (25%), comunicação (5%), franquia (5%) e lucro (de 5% a 10%). Essa variação ocorre porque a empresa pondera os preços com base nos valores praticados pela marca líder da categoria, reduzindo em até 5% os preços em relação ao concorrente, de modo a torná-los mais atrativos para os consumidores.*

1.8.3 Percepção do preço pelo consumidor: deve-se identificar a percepção do consumidor em relação ao preço praticado pelo produto. Exemplo: o consumidor pode adquirir um produto apenas baseado pelo preço, independentemente de conhecer a marca. Ele também pode adquirir um produto com base exclusivamente na marca, pois confia na qualidade e tradição dela. No segundo caso, o fator preço é secundário na hora de decisão de compra. Sobre a aquisição de um produto, há ainda outra situação intermediária entre esses dois polos opostos.

1.9 Motivações de compra do produto

> **IMPORTANTE:** Três fatores devem ser considerados nas decisões de compra de um consumidor: racionalidade, emoção e racionalidade, ou apenas a emoção.

1.9.1 Motivações emocionais: ligadas a questões afetivas e de *status*. Eis alguns temas de campanha por meio dos quais podemos observar com maior clareza o motivo principal que leva o consumidor a adquirir um produto ou serviço: "Comprar presentes para as mães no *Shopping Panamby** é uma prova de amor" (emoção) ou "*Special Car**, porque especial ou você é ou não é" (*status*).

1.9.2 Motivações racionais: em geral, ligadas ao benefício principal que o produto oferece. Eis um exemplo: "O produto oferece a melhor relação de custo x benefício de sua categoria e atende plenamente às necessidades do *target*. Faça as contas e comprove porque é mais vantajoso abrir uma conta no *Banco Valor**".

1.9.3 Motivações emocionais e racionais: ambas se referem normalmente a temáticas que envolvem a emoção, porém podem-se utilizar também argumentos racionais. *Em campanhas com essa abordagem, privilegia-se a emoção, sem desconsiderar a racionalidade.* Eis dois exemplos: "Você não precisa pagar mais caro para demonstrar seu amor. Faça suas compras de Natal no *comércio de rua de São Bernardo do Campo (Associação dos Lojistas)*" ou "Vá ao feirão de veículos Multimarcas da Total Auto* e descubra por que conforto e sofisticação não precisam custar mais caro". Entretanto, é importante que você explique claramente os motivos que levam o consumidor a comprar um determinado produto ou serviço se enquadram em uma dessas categorias. Não se trata de explicitar o tema da campanha, mas o que move o consumidor à compra. Em outras palavras, no processo de compra, a racionalidade está ligada a preço, avanço tecnológico, *design* etc., e a emoção está intimamente associada a presente, comodidade, demonstração de carinho, afeto, *status* etc.

1.9.4 Por que o consumidor compra? Exemplo: *o smartphone Hightec* foi criado para saciar seu desejo de obter um aparelho conceituado e com inovações tecnológicas, capaz de satisfazer suas expectativas de qualidade de som e imagem e permitir uma comunicação com maior agilidade e aproximar pessoas. Hoje, um* smartphone, *além de fazer e receber chamadas, reproduz músicas e imagens e pode ser utilizado para enviar mensagens e acessar a redes sociais. Sem dúvida, tornou-se um objeto de comunicação, integração e entretenimento entre amigos, familiares e profissionais.*

1.9.5 Benefícios que o consumidor espera do produto: referem-se às expectativas do consumidor ao adquirir um produto: *qualidade, durabilidade, funcionalidade, assistência técnica e garantia. Enfim, ele espera que todos os benefícios apresentados no ato da compra sejam plenamente atendidos.*

1.10 Concorrência

> **IMPORTANTE:** Descreva os parâmetros adotados para definir os co-concorrentes diretos. Há alguns critérios para identificá-los, como público-alvo, faixa de preço, qualidade, funcionalidade, capacidade de suprir determinada necessidade etc. Entretanto, esses parâmetros devem ser bem claros, de modo a não subestimar concorrentes significativos.

1.10.1 Principais concorrentes diretos, produtos e fabricante: descreva todos os subitens relacionados aos concorrentes diretos, começando pelo concorrente mais importante e depois do segundo concorrente mais importante e assim sucessivamente, até finalizar todos os concorrentes diretos.

    1.10.1.1 Histórico da empresa concorrente e do produto: de forma sucinta, apresente a história da empresa fabricante e as informações obtidas sobre a evolução do produto ao longo do tempo.

    1.10.1.2 Principais características do produto concorrente: ao descrever o produto, mencione aspectos relacionados a tamanhos, embalagens, cores, sabores, versões etc.

    1.10.1.3 Histórico da comunicação:

        1.10.1.3.1 Campanhas: faça comentários sobre as principais campanhas de propaganda dos concorrentes. Lembre-se de mencionar dados relacionados a verbas, temas, sucesso/insucesso, mídia utilizada etc. Essas informações podem ser obtidas nos *websites* das empresas (algumas costumam disponibilizar na internet dados sobre as últimas campanhas realizadas), em revistas e jornais especializados da área de propaganda, como *Meio & Mensagem, About* etc. ou no *site* Arquivo da Propaganda.[5] Pode-se ainda tentar obter alguma informação por meio de um contato com as empresas concorrentes.

---

[5] Mais informações estão disponíveis em: <www.arquivodapropaganda.com.br>. Acesso em: 12 jan. 2014.

1.10.1.3.2 Ações em PDVs, feiras, eventos etc.: comente as principais ações de promoção de vendas, *merchandising*, eventos, patrocínios ou projetos especiais. Lembre-se de mencionar dados relacionados a verbas, mecânicas, sucesso/insucesso, mídia utilizada etc.

Esse item costuma ser de difícil descrição/localização por parte dos estudantes, pois normalmente não conseguem muita informação sobre o que já foi realizado. Entretanto, é fundamental obter todas as informações sobre a concorrência, para que não haja o risco de "criar" ações já realizadas por ela.

O próprio cliente pode mencionar as últimas ações realizadas pelos concorrentes, as mais marcantes etc. Todo departamento de *marketing* costuma fazer um acompanhamento das ações realizadas pela concorrência, arquivar materiais etc.

Por meio da consulta aos clientes/varejistas dessas empresas, uma simples entrevista no PDV poderá esclarecer muita coisa, e, por fim, ainda pode-se tentar obter alguma informação por meio de um contato com as empresas concorrentes.

1.10.1.4 Política de vendas: descreva a política de vendas da concorrência e especifique descontos oferecidos por quantidades adquiridas, bonificações em produtos, prazos de pagamentos etc. Exemplos: *1. A empresa X oferece condições de pagamentos mais vantajosas, pois uma de suas empresas faz parte do grupo financeiro Y, o que permite o financiamento das compras de seus clientes do atacado em prazos maiores e com taxas menores. 2. Já a empresa C tem como principal política de vendas o oferecimento de bonificações em produtos periféricos de sua linha. Esses produtos oferecidos como bonificação podem ser comercializados pelo varejo, o que representa uma outra fonte de lucro. Além disso, esse processo amplia as vantagens pela comercialização do principal produto. 3. Por sua vez, o outro concorrente a MGJF* trabalha principalmente com a política de descontos percentuais por quantidades adquiridas, o que torna as políticas comerciais desse mais agressivas.*

1.10.1.5 Pontos positivos e negativos dos produtos: adote os mesmos procedimentos dos itens "Principais pontos positivos" e "Principais pontos negativos". Descreva detalhadamente os princi-

Tabela 1 Análise comparativa de produto *versus* concorrência

ANÁLISE COMPARATIVA DE PRODUTO VERSUS CONCORRÊNCIA

Marca	Colégio Internacional	Colégio Civita	Escola Especial Brasileira
Produto/serviço	Ensino privado	Ensino privado	Ensino privado
Slogan	"Seu filho bilíngue"	"De mãos dadas com o seu progresso"	"Ensino inovador"
Market share	20%	35%	15%
Posicionamento	Ensino bilíngue	Melhor infraestrutura	Melhor relação custo-benefício
Política de preços	Preços mais elevados do mercado R$ 1.500,00/mês	Preços intermediários R$ 1.000,00/mês	Preços mais baixos R$ 700,00/mês
Distribuição	Sede única	Sede única	Sede única
Veículo de comunicação	www.colegio.internacional.com.br	www.colegiocivita.com.br	www.escolaespecialbrasileira.com.br
Meios de comunicação	Frontlight Panfletagem Redes sociais	Revista própria E-mail marketing Panfletagem Realização de eventos com comunidade	Redes sociais
Site/blog/redes sociais	www.facebook.com/colegio.internacional www.instagram/colegio.internacional http://colegio.internacional.blogspot.com	www.facebook.com/colegiocivita www.instagram/colegiocivita	www.facebook.com/escolaespecialbrasileira
Tecnologia	Laboratórios de informática equipados	Convênio com cursos de informática Tablets para todos os alunos	Laboratórios de informática
Pontos de paridade	Localização: zona leste de São Paulo Períodos matutino e vespertino Sistema Cardeal	Localização: zona leste de São Paulo Períodos matutino e vespertino Sistema Cardeal	Localização: zona leste de São Paulo Períodos matutino e vespertino Sistema Cardeal
Pontos de diferença	Formação bilíngue	Oferece período integral Piscina Teatro	

Nota: As marcas apresentadas são fictícias e meramente ilustrativas.
Fonte: Elaborada pelo autor.

pais pontos positivos de cada um dos concorrentes e, depois, cada ponto negativo. Assim, ficará mais fácil evidenciar as principais fragilidades e potencialidades do produto, para que, no caso de uma campanha cujo objetivo seja a comparação, os pontos fortes da concorrência não ganhem destaque, mas sim o ataque certeiro e direto às fragilidades.

> **IMPORTANTE:** Após a descrição de todas as informações sobre a concorrência solicitadas nos itens anteriores, elabore planilha de análise da concorrência.

1.10.1.6 Comparativo de preços praticados em relação à concorrência: após fazer a descrição solicitada nos itens anteriores de cada um dos produtos concorrentes, elabore uma tabela ou planilha comparativa de preços médios entre o seu produto e os principais concorrentes por categoria/características, benefícios, tamanhos, versões e canal de distribuição. Na tabela, destaque com cores diferentes os preços mais altos (vermelho) e os mais baixos (azul ou verde), por exemplo, de cada produto analisado. Por fim, faça um comentário sobre os dados apurados.

Observação: Caso esteja trabalhando com uma linha de produtos muito extensa –, por exemplo, mais de 20 itens – e com quatro ou mais canais de distribuição, sugiro que priorize, nesse comparativo, os itens principais da linha e os canais de distribuição mais representativos para esse mercado.

Tabela 2 Comparação de preços

Comparação de preços				
Marca	Márcia	Regina	Nívea	Marília
Shampoo Aloe Vera 500 ml	R$ 3,80	R$ 4,10	R$ 3,90	R$ 5,20
Shampoo Aloe Vera 250 ml	R$ 1,95	R$ 2,10	R$ 3,10	R$ 4,50
Condicionador Aloe Vera 500 ml	R$ 4,90	R$ 4,60	R$ 6,70	R$ 5,80
Condicionador Aloe Vera 250ml	R$ 2,95	R$ 3,00	R$ 3,30	R$ 4,50
Shampoo Anticaspa 500 ml	R$ 5,90	R$ 4,40	R$ 6,90	R$ 8,80
Condicionador Anticaspa 500 ml	R$ 6,90	N/T	R$ 7,90	R$ 9,90
Shampoo 3 em 1 500 ml	R$ 7,90	R$ 7,10	R$ 8,50	R$ 8,90
Shampoo 3 em 1 250 ml	R$ 5,80	R$ 6,10	R$ 7,50	R$ 7,80

Notas: Indique as lojas pesquisadas e o período.
Elabore uma tabela comparativa por canal de distribuição.
Comente os resultados apurados e avalie se eles são positivos ou negativos para a marca e o produto ou serviço.

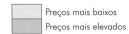
Preços mais baixos
Preços mais elevados

As marcas apresentadas são fictícias e meramente ilustrativas.
Fonte: Elaborada pelo autor.

1.10.2 Concorrentes indiretos: cabe salientar que concorrentes indiretos são todos aqueles produtos que têm características, funções ou mesmo públicos diferentes. Apesar disso, suprem, de alguma forma, a necessidade de consumo que o seu produto pode proporcionar. Aponte quais são os seus concorrentes indiretos e justifique. Descreva, de forma sucinta, as principais características do produto, mencione os preços praticados e o público-alvo e demonstre como a forma pode interferir no consumo ou na aquisição do produto trabalhado.

Exemplo: *Consideremos que a Coca-Cola seja um produto concorrente indireto do refrigerante Convenção, que faz parte de um outro nicho de mercado, considerando uma segmentação baseada em preço/público. Entretanto, o refrigerante Convenção tem características muito semelhantes às da Coca-Cola. Nesse caso, se fosse considerada a segmentação por benefício, seria um concorrente direto. Por isso, é importante destacar por que tal marca é considerada um concorrente direto ou indireto. Já o chá Lipton Ice Tea é considerado um concorrente indireto da Coca-Cola, pois, apesar de ter características muito diferentes, serve para a mesma finalidade, ou seja, "matar a sede".*

1.11 Pesquisas

1.11.1 Pesquisas realizadas: descreva, de forma objetiva, o propósito das pesquisas realizadas sobre o produto, desde o lançamento até os dias atuais. Destaque os responsáveis pelas pesquisas, o período em que foram realizadas, o público-alvo, o tamanho da amostragem e a metodologia aplicada.

1.11.2 Resultados obtidos: aponte os principais resultados obtidos, mas somente se as informações solicitadas já não tenham sido fornecidas em outros capítulos. Demonstre os dados obtidos por meio de gráficos, comente-os e exemplifique as ações que foram e que podem ser tomadas a partir desses resultados.

1.12 Objetivos de mercado

Sabemos que nenhuma empresa está no mercado com o objetivo de reduzir a própria participação. Todos querem crescer, não é mesmo? Mas cuidado ao estabelecer isso com seu cliente, como já especificado no Capítulo 1, no item "Cuidado com a verba!". O objetivo de mercado é um ponto muito importante do trabalho, pois a finalidade do projeto é criar condições favoráveis para que esse objetivo possa enfim ser efetivamente atingido. Por isso, é imprescindível que o objetivo seja estabelecido com metas agressivas, porém atingíveis.

Verifique o crescimento nos últimos exercícios da empresa e compare com a verba investida no mesmo período, questione o cliente sobre capacidade de produção etc.

Defina numericamente os objetivos de mercado para o produto *(as vendas devem aumentar em X% em tal região, devemos aumentar a nossa participação de mercado atual de Y% para Z%, devemos manter nossa participação atual apesar do ingresso no mercado de produtos importados, devemos colaborar para que o mercado desses produtos aumente em X% etc.)*

Os próximos itens não são obrigatórios no *briefing*, pois, na maioria dos casos, o cliente não tem definido esses pontos, que ficam normalmente a cargo da agência (nesse caso, eles serão incluídos no planejamento); entretanto, existem empresas maiores e com departamentos de *marketing* mais profissionalizados que detalham e discutem todos esses itens com as suas respectivas agências.

1.13 Objetivos de comunicação (se forem estabelecidos pelo cliente)

Defina os objetivos de comunicação para o produto. Mencione quantas pessoas devem, por exemplo, passar a conhecer o produto ou quantas devem conhecer o benefício tal, que percentual do mercado deve ser levado a ter uma atitude favorável à compra do produto ou elevar o *status* do produto em um percentual do *target*.

1.14 Conteúdo básico da comunicação (recomendações do cliente, se houver)

1.14.1 Conteúdo básico que as peças deverão transmitir: por exemplo, *pode ser uma exigência do cliente que sejam transmitidas simultaneamente as sensações de tranquilidade e saúde.*

1.14.2 Pontos positivos a serem destacados: por exemplo, *o cliente pode solicitar que seja destacada determinada característica do produto de modo a diferenciá-lo dos demais, como um recurso tecnológico ou um tipo de vitamina.*

1.14.3 Pontos a serem evitados: por exemplo, *pode ser solicitado que o preço não seja mencionado por tratar-se de um valor mais elevado em relação aos concorrentes. Pode-se ainda fazer alguma menção a algum benefício que já esteja diretamente ligado ao concorrente.*

1.15 Mídia (recomendações do cliente, se houver)

1.15.1 Meios recomendados: alguns clientes solicitam à agência que o produto seja anunciado em revistas, jornais ou mesmo TV. Entretanto, se essa solicitação não for considerada a mais rentável pelo departamento de mídia, os prós e contras desse tipo de campanha deverão ser discutidos com o cliente.

1.15.2 Períodos: verificar em que períodos do ano e datas comemorativas o cliente recomenda a veiculação em revistas, jornais e TV e identificar as razões que o levam a fazer essa solicitação.

1.15.3 Praças: verificar em que praças (locais/regiões) o cliente deseja veicular o produto e identificar as razões que o levam a fazer tal recomendação.

1.16 Verba total de comunicação (*budget*)

Trata-se da verba total do cliente destinada à comunicação. Como alguns clientes apenas informam o montante a ser investido, cabe à agência sugerir como a verba será distribuída entre as diversas ferramentas de comunicação, que podem ser utilizadas para atingir os objetivos pretendidos.

1.16.1 Verba de veiculação: muitos clientes costumam dividir a verba entre ações/produção e mídia. Nesse caso, deve ser considerada para mídia apenas a verba destinada à veiculação. É importante destacar que, em geral, ocorre uma alocação que varia de 70% a 85% (em razão dos custos cada vez mais elevados de veiculação, sobretudo em TV). O restante é destinado à produção das peças e a outras ações, como promoções de vendas, eventos, patrocínios etc.

1.16.2 Verba de produção: nesse caso, deve-se indicar o percentual da verba ou o montante (valor) a ser investido na produção das peças que serão utilizadas na campanha desenvolvida pela agência.

1.16.3 Verba para ações: nesse caso, deve-se indicar o percentual da verba ou o montante (valor) a ser investido em ações promocionais, *merchandising*, incentivos, eventos, patrocínios etc. Essa verba pode ser ainda utilizada na produção de materiais (uniformes, brindes etc.), na contratação de pessoal, no pagamento de taxas e em transporte.

1.17 Promoção de vendas, *merchandising*, eventos, patrocínios, projetos especiais (recomendações do cliente, se houver)

Além de descrever as peças que devem ser desenvolvidas, indique quantidades, tamanhos e formatos de acordo com especificações dos PDVs e/ou do cliente. (Se o cliente não fizer essas observações, é importante que o grupo verifique as medidas aceitas de acordo com os padrões estabelecidos pelas redes varejistas, para que não ocorra recusa de materiais.)

Adaptações do roteiro de *briefing* de produto para serviço

> **IMPORTANTE:** Nos itens em que constar a palavra "manter", observe o que foi descrito na versão de *briefing* para produtos. Nos itens em que houver alterações, as adaptações estarão descritas logo abaixo.

I – Briefing (Modelo B)[6]

1.1 Histórico da empresa
Manter.

1.2 Histórico do serviço
Quando o oferecimento do serviço surgiu? Indique as modificações pelas quais essa oferta de serviços passou ao longo do tempo.

1.3 Histórico da comunicação
Manter.

1.4 Serviço
Descrever o tipo de serviço oferecido.

1.4.1 Nome

1.4.2 Categoria
Manter.

> Por tratar-se de serviço, o item "embalagem" foi suprimido.

1.4.3 Local de uso ou aplicação

1.4.4 Formas de uso
Manter.

---

[6] A numeração apresentada é uma referência para uso na elaboração do projeto, não correspondendo à subdivisão do conteúdo dos capítulos.

1.4.5 Definição de preços com base no perfil dos usuários
Nesse item, houve uma alteração no conteúdo: a palavra "consumidor" foi substituída por "usuário".

1.4.6 Composição do serviço
Descrever passo a passo todas as etapas do serviço prestado. Exemplo: se se tratar uma locadora de veículos, mencione desde o agendamento até a retirada do veículo. Indicar também os serviços adicionais oferecidos, como motorista, leva e traz, seguros (pessoal, patrimonial e contra terceiros), cadeirinhas para crianças etc.

1.4.7 Imagem da marca no mercado
Refere-se à percepção do *target* tanto de usuários quanto de não usuários a respeito do serviço e da marca.

1.4.8 Principais características diferenciadoras

1.4.9 Principais pontos positivos

1.4.10 Principais pontos negativos

1.5 Mercado

1.5.1 Tamanho do mercado

1.5.2 Principais mercados
Manter.

1.5.3 Participação de mercado da marca nas praças atendidas
Refere-se ao *market share* da marca perante os concorrentes, por região e também em âmbito nacional. Apresentar gráficos e comentar os resultados.

1.5.4 Evolução do mercado

1.5.5 Sazonalidade
Manter.

1.6 Usuário

Equivale ao consumidor, no entanto, por tratar-se de um serviço, é o termo mais adequado para defini-lo.

1.6.1 Classificação socioeconômica

1.6.2   Perfil psicográfico

1.6.3   Influências no processo de compra
    1.6.3.1   Influências sociais
    1.6.3.2   Influências culturais
    1.6.3.3   Influências ambientais
    1.6.3.4   Influências religiosas
    1.6.3.5   Influências geográficas
    Manter.

1.6.4   Decisão e local de contratação
Aqui se substitui o termo "compra" por "contratação", mas os papéis de influência, decisão e aquisição são os mesmos de um produto.

1.7 Distribuição

1.7.1   Canais utilizados

1.7.2   Avaliação sobre o sistema de distribuição

1.7.3   Restrições para distribuição

1.8 Preços

1.8.1   Preços praticados

1.8.2   Critérios para o estabelecimento do preço
Manter.

1.8.3   Percepção do preço pelo usuário
Nesse item, houve alteração no conteúdo: a palavra "consumidor" foi substituída por "usuário".

1.9 Motivações para contratação do serviço

Nesse item, houve alteração no conteúdo: a expressão "motivação de compra do produto" foi substituída por "motivações para contratação do serviço". O que se pretende aqui é descrever os impulsos que levam o usuário a contratar os serviços prestados pela empresa.

1.9.1 Emoção

1.9.2 Racionalidade

1.9.3 Racionalidade e emoção
Manter.

1.9.4 Por que o usuário contrata o serviço?
Descrever que tipo de necessidade leva o usuário a contratar o serviço.

1.9.5 Benefícios que os usuários esperam do serviço
Conforto, comodidade, praticidade, agilidade, segurança. São termos normalmente relacionados a benefícios esperados pelos usuários contratantes de algum tipo de serviço. Descrever as possíveis expectativas.

1.10 Concorrência

Manter.

1.10.1 Principais concorrentes diretos, serviços e empresas
    1.10.1.1 Histórico da empresa concorrente e serviço
    1.10.1.2 Principais características do serviço concorrente
        Substituir o termo "produto" por "serviço".
    1.10.1.3 Histórico da comunicação
    1.10.1.4 Política de vendas
        Manter.
    1.10.1.5 Pontos positivos e negativos dos serviços
        Substituir o termo "produto" por "serviço".
    1.10.1.6 Comparativo de preços praticados em relação à concorrência

1.10.2 Concorrentes indiretos

1.11 Pesquisa

1.11.1 Pesquisas realizadas

1.11.2 Resultados obtidos

1.12 Objetivos de mercado

1.13 Objetivos de comunicação

1.14 Conteúdo básico da comunicação

1.14.1 Conteúdo básico que as peças deverão transmitir

1.14.2 Pontos positivos a serem destacados

1.14.3 Pontos a serem evitados

1.15 Mídia

1.15.1 Meios recomendados

1.15.2 Períodos

1.15.3 Praças

1.16 Verba total de comunicação

1.16.1 Verba de veiculação

1.16.2 Verba de produção

1.16.3 Verba para ações

1.17 Promoção de vendas, *merchandising*, eventos, patrocínios, projetos especiais

Manter.

Adaptações do roteiro de *briefing* de produto para varejo

> **IMPORTANTE:** Nos itens em que constar a palavra "manter", observe o que foi descrito na versão de *briefing* para produtos. Nos itens em que houver alterações, as adaptações estarão descritas logo abaixo.

I – Briefing (Modelo C)[7]
1.1 Histórico da empresa

Manter.

---

[7] A numeração apresentada é uma referência para uso na elaboração do projeto, não correspondendo à subdivisão do conteúdo dos capítulos.

1.2 Histórico da marca

Quando empresa e marca tiverem a mesma denominação, esse item pode ser suprimido. Tanto a empresa quanto a marca podem ser descritas em "Histórico da empresa", como é o caso do Carrefour. Quando a empresa tiver várias marcas ou bandeiras, como é o caso da Companhia Brasileira de Distribuição (CBD), indique, no item "Histórico da empresa", informações sobre a corporação e o grupo empresarial e, aqui, descreva a história da bandeira com que estiver trabalhando, como Pão de Açúcar.

1.3 Histórico da comunicação

Manter.

1.4 Serviço

Descrever o tipo de serviço oferecido.

1.4.1   Nome

1.4.2   Categoria
Manter.

1.4.3   Embalagem
Descrever os diferentes tipos e formatos de embalagens oferecidos aos clientes.

1.4.4   Local de uso ou aplicação

1.4.5   Formas de uso e consumo
Manter.

1.4.6   Definição de preços aos perfis de clientes
Nesse item, houve alteração no conteúdo: a palavra "consumidor" foi substituída por "cliente".

1.4.7   Composição do *mix* de produtos oferecido
Descrever a variedade de produtos comercializados por categoria e mencionar o número total de itens, além dos serviços que podem ser ofertados com a comercialização.

1.4.8   Imagem da marca no mercado
Refere-se à percepção do *target* tanto de usuários quanto não usuários a respeito do serviço e da marca.

1.4.9 Principais características diferenciadoras

1.4.10 Principais pontos positivos

1.4.11 Principais pontos negativos

1.5 Mercado

1.5.1 Tamanho do mercado

1.5.2 Principais mercados
Manter.

1.5.3 Participação de mercado da marca nas praças atendidas
Refere-se ao *market share* da marca perante os concorrentes, por região e também em âmbito nacional. Apresentar gráficos e comentar os resultados.

1.5.4 Evolução do mercado

1.5.5 Sazonalidade
Manter.

1.6 Cliente

Equivale ao consumidor, no entanto, por tratar-se de um varejo, é o termo mais adequado para defini-lo.

1.6.1 Classificação socioeconômica

1.6.2 Perfil psicográfico

1.6.3 Influências no processo de compra
    1.6.3.1 Influências sociais
    1.6.3.2 Influências culturais
    1.6.3.3 Influências ambientais
    1.6.3.4 Influências religiosas
    1.6.3.5 Influências geográficas
    Manter.

1.6.4 Decisão e local de compra

1.7 Distribuição

1.7.1 Canais utilizados

1.7.2 Avaliação sobre o sistema de distribuição

1.7.3 Restrições para distribuição

1.8 Preços

1.8.1 Preços praticados

1.8.2 Critérios para o estabelecimento do preço
Manter.

1.8.3 Percepção do preço pelos clientes
Nesse item, houve alteração no conteúdo: a palavra "consumidor" foi substituída por "cliente".

1.9 Razões de compra no local

Nesse item, houve alteração no conteúdo: a expressão "razão de compra do produto" foi substituída por "razões de compra no local", pois normalmente são muitos os produtos ofertados e as motivações podem ser muito diversas. Nesse caso, deve-se descrever o porquê da escolha da rede varejista para aquisição.

1.9.1 Emoção

1.9.2 Racionalidade

1.9.3 Racionalidade e emoção
Manter.

1.9.4 Por que o consumidor compra nesse local?
Descrever que tipo de necessidade ou facilidade leva o cliente a comprar no local.

1.9.5 Benefícios que os usuários esperam
Preços baixos, conforto, comodidade, praticidade, agilidade e segurança. São termos normalmente relacionados a benefícios esperados pelos clientes de redes varejistas. Descrever as possíveis expectativas.

1.10 Concorrência

Manter.

1.10.1 Principais concorrentes diretos, serviços e empresas

    1.10.1.1 Histórico da empresa/marca concorrente

    1.10.1.2 Principais características dos concorrentes

        Eliminar o termo "produto", já que são muitos os produtos comercializados. Aqui, serão abordados os aspectos relacionados a uma marca varejista e não de produto.

    1.10.1.3 Histórico da comunicação

    1.10.1.4 Política de vendas
        Manter.

    1.10.1.5 Pontos positivos e negativos dos serviços
        Substituir o termo "produto" por "serviço".

    1.10.1.6 Comparativo de preços praticados em relação à concorrência

1.10.2 Concorrentes indiretos

1.11 Pesquisa

1.11.1 Pesquisas realizadas

1.11.2 Resultados obtidos

1.12 Objetivos de mercado

1.13 Objetivos de comunicação

1.14 Conteúdo básico da comunicação

1.14.1 Conteúdo básico que as peças deverão transmitir

1.14.2 Pontos positivos a serem destacados

1.14.3 Pontos a serem evitados

1.15 Mídia

1.15.1 Meios recomendados

1.15.2 Períodos

1.15.3 Praças

1.16 Verba total de comunicação

1.16.1 Verba de veiculação

1.16.2 Verba de produção

1.16.3 Verba para ações

1.17 Promoção de vendas, *merchandising*, eventos, patrocínios, projetos especiais

Manter.

Roteiro adaptado para coleta de informações de órgãos públicos

> **IMPORTANTE:** Veja, no exemplo apresentado a seguir, o que deve ser descrito em cada um dos itens apresentados e procure discorrer, com mais detalhes, as informações que obtiver do cliente ou por meio de pesquisas, de forma a enriquecer suas definições.

I – Briefing (Modelo D)[8]

- *Cliente hipotético*: Companhia de Engenharia de Tráfego (CET)/Secretaria Municipal dos Transportes – prefeitura da cidade de São Paulo

1.1 Histórico do órgão

Equivalente ao histórico da empresa. No entanto, aqui pode ser um órgão ligado a uma secretaria. Exemplo: CET, que é ligada à Secretaria de Transporte da prefeitura da cidade de São Paulo.

1.2 Histórico da causa/tema/problema

Se for uma campanha educativa para prevenir atropelamentos de pedestres, é importante identificar as principais razões que provocam esse tipo de acidente e indicar quando e por que o problema tem crescido.

---

[8] A numeração apresentada é uma referência para uso na elaboração do projeto, não correspondendo à subdivisão do conteúdo dos capítulos.

1.3 Histórico da comunicação

Pesquisar campanhas já realizadas que abordaram a mesma causa em outras oportunidades. Apresentar imagens e comentar linha criativa, mídias utilizadas e resultados apurados.

1.4 Tema/problema/causa

- Tema: Segurança na travessia.
- Problema: Atropelamentos.
- Causa: Distração com celulares.

1.4.1 Categoria a que pertence o tema
Utilidade pública. Segurança, saúde e bem-estar social.

Área territorial de abrangência
Cidade de São Paulo.

1.4.2 Formas de atuação do órgão
Atua na conscientização de motoristas e pedestres e também na gestão de problemas do cotidiano relacionados ao trânsito na cidade.

1.4.3 Custo do atendimento por pessoa
O custo do atendimento por pessoa é calculado com base na despesa total mensal, dividida pelo número de pessoas atendidas. Nesse caso, é possível calcular o custo do atendimento por pessoa, após identificar os diferentes tipos de serviço prestados pelo órgão. Exemplo: resgate de pessoas acidentadas. Divide-se o total da despesa com esse serviço pelo número de pessoas atendidas. Assim, pode-se obter o valor médio de cada um dos atendimentos oferecidos. Devem-se considerar os diversos tipos de serviço prestados, os respectivos custos e o número de atendimentos.

1.4.4 Elementos que compõem o atendimento
Equipamentos e sinalização fixa e provisória, profissionais de campo, definição de cargo, função e número, carros, materiais impressos, equipamentos, recursos etc.

1.4.5 Imagem do órgão ou do tema/causa na sociedade
Nesse caso, é importante fazer uma pesquisa para saber se o órgão anunciante é conhecido e se tem credibilidade ou não perante a sociedade, pois isso influencia de forma positiva ou negativa na adesão da proposta da campanha. Para isso,

devem-se considerar tanto aqueles que já conhecem e têm opinião formada quanto aqueles que não conhecem órgão.

1.4.6   Principais características da causa/tema que valem ser destacados

Os problemas de saúde que um acidente desse tipo pode provocar e os transtornos causados à família da pessoa envolvida.

1.4.7   Fatores que dificultam na obtenção dos resultados

Como muitas pessoas acreditam que esse tipo de acidente só acontece com os outros, elas não dão muita importância a ele.

1.4.8   Fatores facilitadores para obtenção dos resultados

O uso da própria tecnologia mobile para fazer a divulgação do problema e conscientizar a população sobre esse tipo de acidente. Possibilidade de uso da própria equipe e de equipamentos da CET para ajudar na divulgação do problema.

1.5 Mercado – dimensionamento do universo de pessoas atingidas

Quando se faz uma campanha de conscientização, deve-se considerar o número de pessoas que serão atingidas. Nesse caso, a cidade de São Paulo tem mais de dez milhões de habitantes, no entanto há uma população no entorno e em outras cidades da região da Grande São Paulo que também será impactada pela comunicação. Por isso, devemos considerar essa população, que equivale a mais de 18 milhões de pessoas.

1.5.1   Principais fatores que geram o problema – tema

Falta de interesse e de motivação para aderir, excessivo número de informações circulando nas redes sociais, cobranças profissionais e a necessidade, sobretudo do público mais jovem, de estar o tempo todo conectado ao seu grupo.

1.5.2   Evolução percentual da demanda

Apresentar um gráfico de barras em que se possa comparar o aumento ou decréscimo do número de ocorrências nos últimos três anos.

1.5.3   Picos de demanda

Similar ao gráfico da sazonalidade, apresentar um gráfico de janeiro a dezembro do mesmo ano, indicando períodos em que há maior número de ocorrências geradas a partir do mesmo fator.

1.6 Público atingido

Indicar o principal público atingido por esse tipo de acidente.

1.6.1 Classificação socioeconômica
Sexo, classe social e grau de escolaridade.

1.7 *Target*

Dentre o público mais amplo, selecionar o *target* da campanha, focar o público prioritário e justificar a definição.

1.7.1 Razões/motivos para colaborar ou aderir
O que dizer a esse público de modo a gerar uma reflexão capaz de motivar uma mudança de hábitos?

1.7.2 Outros órgãos que promovem campanhas voltadas à prevenção ou à resolução do problema ou participam de atividades com esse objetivo.
(Faça um breve histórico desses órgãos, dos serviços prestados por cada um deles, do número de atendimento e do histórico da comunicação deles para a causa). Pesquisar outros órgãos das esferas estaduais, federais ou municipais de cidades vizinhas que abordem este tema e que poderiam tornar-se parceiros da campanha. Nesse caso, não se trata de concorrentes, pois somam-se os esforços no sentido de obter um resultado melhor para a sociedade ou grupo trabalhado. No entanto, a descrição do item segue a mesma lógica, ou seja, apontar os órgãos que atuam na mesma área, o histórico de cada um, os serviços prestados, o número de atendimentos prestados e o histórico da comunicação para a causa.

1.7.3 Representatividade dos outros órgãos que trabalham com esse problema/tema
Do total de pessoas impactadas pelas ações somadas entre todos esses órgãos que atuam na mesma causa, indicar o percentual de cada um deles. Esse item equivale ao *market share*, quando analisamos o mercado de um produto.

1.8 Resultados das pesquisas realizadas e análise

Buscar informações de pesquisas de fontes confiáveis a respeito do órgão e dos serviços prestados. Essas pesquisas podem abordar temas variados, em especial sobre o nível de confiança, credibilidade, lembrança, retorno etc.

1.9 Objetivo do órgão (quantificado) quanto aos resultados pretendidos

Quantificar os resultados pretendidos. Exemplo: tratando-se de uma campanha de prevenção a acidentes de trânsito, devemos estabelecer com o órgão contratante um percentual de redução no número de acidentados ou mesmo dos acidentes graves que se pretende obter ao término da campanha.

1.10 Conteúdo básico – informações necessárias para serem transmitidas

Uma distração de segundos pode gerar um problema que se prolongará por anos. Como a CET trabalha para facilitar a vida do cidadão, ele pode contar com o apoio da empresa.

1.10.1 Obrigatoriedades e restrições

Apresentar o logo da Prefeitura de São Paulo, da Secretaria Municipal de Transporte e da CET. Não apresentar cenas fortes de acidentados.

1.11 Verba

Cinco milhões de reais.

Roteiro adaptado para coleta de informações do terceiro setor

> **IMPORTANTE:** Veja, no exemplo apresentado a seguir, o que deve ser descrito em cada um dos itens apresentados e procure discorrer, com mais detalhes, as informações que obtiver do cliente ou por meio de pesquisas, de forma a enriquecer suas definições.

I – Briefing (Modelo E)[9]

- *Cliente hipotético*: organização não governamental Cão Vira-Latas

1.1 Histórico da instituição

Equivalente ao histórico da empresa. No entanto, aqui trata-se de organizações da sociedade civil de interesse público (OSCIPs) ou organizações não governa-

---

[9] A numeração apresentada é uma referência para uso na elaboração do projeto, não correspondendo à subdivisão do conteúdo dos capítulos.

mentais (ONGs), instituições sem fins lucrativos. Nesse item, informe quando foi fundada, por quem, com que propósito, a partir de qual motivação etc.

1.2 Histórico da causa

Animais abandonados sempre existiram, no entanto a preocupação com o excesso de animais nas grandes cidades e a forma como esse tipo de problema é tratado vêm mudando ao longo dos anos. Nesse item, descreva como esse problema era tratado no passado e como hoje os órgãos competentes e a sociedade lidam com ele.

1.3 Histórico da comunicação

Apresente as campanhas e todos os tipos de divulgação já realizados até o presente momento. Destaque os mais recentes e comente a linha criativa e os resultados obtidos.

1.4 Serviço

Refere-se ao tipo de serviço que a instituição oferece aos atendidos.

1.4.1   Categoria a que pertence (terceiro setor – crianças, idosos, deficientes etc.)

No caso em questão, trata-se de uma ONG votada para a causa animal: resgate, tratamento e preparação de cães de rua em situação de abandono ou maus-tratos.

1.4.2   Área territorial de abrangência/atuação

Região metropolitana de Brasília, Distrito Federal.

1.4.3   Formas de atendimento da instituição/órgão

A instituição trabalha com um grande número de voluntários, em grande parte estudantes universitários de diversas áreas, sobretudo da comunicação (Publicidade e Propaganda e Jornalismo), e também de Medicina Veterinária. Esses estudantes atendem às ligações telefônicas ou recebem mensagens pela rede social com denúncias de abandono ou maus-tratos. A partir dessas denúncias, uma equipe vai até o local, faz o resgate do animal e o leva para clínicas parceiras para tratamento e hospedagem do animal. Quando o animal está em condições de saúde adequadas para adoção, a instituição os coloca em feiras que são acompanhadas também por esses voluntários, que entrevistam os pretendentes, colhem assinaturas de termos de responsabilidade pela adoção dos animais e fazem visitas para checar *in loco* como o animal adotado está sendo tratado. Atendem também pessoas de baixa renda que amam seus animais, mas que não têm condições financeiras para custear os tratamentos veterinários. Nesse caso, após uma triagem, o animal recebe toda a assistência necessária. Quando se constatam melhoras, ele é entregue ao dono e a instituição fornece os medicamentos para que o animal seja tratado em casa.

1.4.4 Custo por atendimento

Como os atendimentos podem ser de baixa, média ou grande complexidade, há uma variação significativa do custo. Por essa razão, para se obter uma média, pode-se agrupá-los de acordo com o padrão adotado pela própria instituição, apurar o custo mensal de cada um dos grupos e dividi-lo pelo número de atendidos em cada um deles. Assim, obtém-se o custo por atendimento para cada nível de complexidade de atendimento. No entanto, se isso não for possível, pode-se obter a média geral, dividindo o total da despesa pelo número de atendidos.

1.4.5 Elementos (humanos e materiais) que compõem o atendimento

Equipamentos médicos diversos, medicamentos de uso humano e veterinário, profissionais da área de saúde, carros para resgate, materiais de escritório para tarefas administrativas, voluntários, ração para alimentação dos animais, profissionais da área de comunicação para atendimento às denúncias e solicitações de resgate, divulgação nas redes sociais, criação de materiais impressos de divulgação, organização de eventos para adoção e tratamento diário dos animais ainda não adotados.

1.4.6 Imagem da instituição ou do órgão na sociedade e/ou no mercado

A instituição é reconhecida pelos moradores da área do Plano Piloto, região que concentra grande parte da população das classes média e alta, sobretudo entre aqueles que amam os animais. As pessoas costumam contribuir para as ações programadas pela ONG. No entanto, a instituição não é muito solicitada pelos moradores das cidades-satélite, região periférica localizada no entorno da capital federal, onde os casos de abandono de animais são mais frequentes.

1.4.7 Principais características diferenciadoras de outras instituições que atuam na mesma causa

Além de resgate, tratamento e divulgação destinada a encontrar um novo lar para os animais, a ONG possui uma chácara, para onde são destinados os animais mais velhos, deficientes e que são, portanto, mais difíceis de ser adotados. Esses animais são tratados dignamente durante toda a velhice.

1.4.8 Principais pontos positivos

O ONG tem credibilidade entre as pessoas que a conhecem, alto nível de engajamento entre os universitários e boa divulgação das redes sociais.

1.4.9 Principais pontos negativos

Nenhum tipo de apoio governamental, baixo nível de conhecimento de apoio de moradores das cidades-satélite e capacidade limitada de atendimento.

1.5 Mercado

1.5.1 Tamanho da demanda pelo atendimento e dimensionamento do universo

Apresentar um estudo que demonstre o número de animais abandonados e vítimas de maus-tratos no último ano. Indicar a proporção deles na região de abrangência/atuação da instituição.

1.5.2 Principais focos da demanda

Indicar as regiões onde se concentra percentualmente a maior incidência do problema. Quantificar e justificar.

1.5.3 Evolução percentual da demanda pelo atendimento

Apresentar um gráfico que demonstre, nos três últimos anos, um acréscimo ou decréscimo do tipo de problema em foco.

1.5.4 Picos de demanda pelo atendimento

Equivalente ao gráfico de sazonalidade. No gráfico, indicar, mês a mês, os percentuais de incidência do problema enfrentado.

1.6 Público atendido

Na maioria dos casos, cães sem raça definida em situação de abandono ou maus-tratos. A instituição também presta atendimento a animais de pessoas sem condições financeiras para custear os tratamentos veterinários.

1.6.1 Classificação socioeconômica dos atendidos (ou envolvidos)

Animais sem raça definida. Na maioria, cães de porte médio e sem tutores ou com tutores em situação financeira muito difícil.

1.7 Target – definir/justificar

Definir o público que tem maior predisposição para contribuir financeiramente ou como voluntário, dependendo do objetivo da campanha.

1.8 Fontes de arrecadação de recursos

Indicar as fontes dos recursos obtidos pela instituição e apresentar, por meio de gráfico, o percentual de cada uma delas. Exemplo: doações de pessoa física = 20%; doações de pessoa jurídica = 40%; eventos = 15%; venda de brindes = 10%; rifas = 10%; outras fontes = 5%.

1.8.1 Avaliação do sistema de captação de recursos

Verificar se alguma das formas de captação de recursos pode ser aprimorada ou se há alguma fonte que ainda foi devidamente explorada apesar de ser viável.

1.8.2 Restrições à captação de recursos

A instituição recebe doações de qualquer fonte? Há algum tipo de restrição ética? Exemplo: empresas que usam animais em experiências. Justificar.

1.9 Razões que levam as pessoas a colaborar para a divulgação da causa/instituição ou aderir a ela

Mencionar o que pode incentivar o *target* a contribuir para a causa.

1.10 Instituições/órgãos que atuam na mesma área e a representatividade delas (elaborar um histórico sucinto com as seguintes informações: serviços prestados, número de atendimentos, formas de captação de recursos e histórico da comunicação dessas instituições/órgãos)

Nesse caso, não se trata de concorrentes, pois somam-se os esforços no sentido de obter um resultado melhor para a sociedade ou grupo trabalhado. No entanto, a descrição do item segue a mesma lógica, ou seja, apontar os órgãos que atuam na mesma área, o histórico de cada um, seu histórico, os serviços prestados, o número de atendimentos e o histórico da comunicação para a causa. Por isso, devem-se pesquisar outras ONGs ou Oscips que atuam na mesma causa e na mesma região de abrangência.

1.10.1 Participação da instituição na resolução dos problemas relacionados à causa defendida

Dos problemas relacionados ao atendimento de animais em condição de abandono ou maus-tratos, identificar em quais deles a ONG participa efetivamente para buscar soluções. Destaca-se esse aspecto porque há ONGs que se dedicam a ações específicas. Exemplo: algumas apenas castram os animais, mas não têm local para abrigá-los; nesse caso, dependem de lares temporários (LTs).

1.11 Participação percentual da instituição na área atendida

Esse tópico é equivalente à participação de mercado. Nesse caso, o que se pretende verificar é o número de organizações atuantes na área de abrangência e a parcela de contribuição de cada uma no enfrentamento do problema. Apresentar dados em um gráfico de *pizza* e comentá-los.

1.12 Resultados de pesquisas realizadas e análise

Identificar necessidades de informação não obtidas com o cliente nem em fontes secundárias e elaborar um projeto de pesquisa. Apresentar os dados e as considerações nesse tópico.

1.13 Objetivos da instituição quanto ao aumento de arrecadação de recursos ou incremento no número de atendimentos prestados (em números absolutos ou porcentagem)

Ao final de toda campanha, é necessário aferir se os resultados foram atingidos. Entretanto, para isso, é necessário estabelecer com antecedência um objetivo, como aumento percentual de arrecadação de recursos, redução de abandono ou aumento percentual no número de atendimentos. Somente com o estabelecimento de objetivos claros é que se pode aferir o sucesso ou não de uma campanha.

1.14 Conteúdo básico da comunicação: informações necessárias/ restrições/obrigatoriedades

Os animais sentem frio, fome, medo e dor.
Mesmo quem não tem um animal pode ajudar a reduzir o sofrimento dele.

1.15 Verba

Em geral, as ONGs ou Oscips não possuem recursos disponíveis para investir em comunicação. Portanto, caberá ao professor orientador estabelecer um limite estimado de verba para que os alunos possam planejar e criar uma campanha factível para o porte da organização. Além disso, deve-se viabilizar a obtenção de apoio de fornecedores, como gráficas e meios de comunicação, para a implementação da campanha, se ela for aprovada.

Diagnóstico

Diagnóstico é um termo bem apropriado para este momento do projeto, pois estamos diante de uma série de informações de nosso planejamento. Essa palavra também é muito utilizada quando estamos num consultório médico.

Podemos traçar um paralelo entre esses dois momentos que poderá elucidar o que devemos fazer.

O *briefing* se assemelha a uma consulta médica: para o médico, contamos o que sentimos; e o nosso cliente nos relata a situação de sua empresa e de seu produto (o filho).

Nesse momento, o médico faz mais algumas perguntas para complementar o raciocínio dele e você questiona o cliente para complementar o questionário do *briefing*.

Por fim, o médico solicita exames de sangue, radiografias etc. e você faz pesquisas de campo, consulta a internet, recorre a revistas etc.

Em ambos os casos, o objetivo é o mesmo: obter informações necessárias que resultarão em uma conclusão.

Essa conclusão é o diagnóstico, ou seja, a palavra final do médico ou do profissional de propaganda sobre o problema do paciente ou cliente. Apenas depois do diagnóstico é possível receitar o remédio e indicar o tratamento ou planejar a campanha.

Por meio dessa metáfora ficará mais fácil identificar com clareza o problema de seu cliente.

O diagnóstico é um relatório enxuto, ou seja, objetivo, do qual o planejador não deve se distanciar sob pena de criar ações ou tratamentos que sejam divergentes do problema identificado ou não reagentes a ele.

Aqui utilizaremos como exemplo uma rede de *fast-food*.

2.1 Produto ou serviço

O primeiro ponto a ser descrito refere-se ao produto ou serviço. De acordo com Sant'Anna (1996, p. 112), duas questões são fundamentais nessa etapa: "Que tipo de produtos e/ou serviços nosso cliente faz? O que este produto contém e o que ele faz que o diferencia dos produtos concorrentes?".

Exemplo: *A empresa oferece serviço de entregas* delivery, possui marca com alto nível de conhecimento no mercado, cardápio variado de lanches e linha infantil com brinquedos oferecidos como brindes.

2.2 Pessoas

Ainda segundo Sant'Anna (1996, p. 112): "A quem falamos sobre o nosso produto? A pessoa a quem nos dirigimos, o consumidor típico associado com os problemas que possui e que o nosso produto seja capaz de solucionar em sua vida".

Lembre-se de que *target* é o público ao qual a comunicação se destina, ou seja, o público-alvo. Portanto, ele não é necessariamente o mesmo que o consumidor atual porque o objetivo pode ser o de atingir um público que até então não consumia o produto. O ideal é que se procure um foco capaz de aglutinar pessoas que estejam tanto acima quanto abaixo do perfil definido, seja ele em classe social ou idade, respeitando, claro, as aspirações do cliente.

De acordo com o produto/necessidade de comunicação, o *target* ainda pode ser definido como primário e secundário.

O *target* primário é formado por homens e mulheres, com idade entre 20 e 30 anos, com ensino superior completo ou em curso, da classe B, solteiros e casados.

Já o *target* secundário é composto por crianças entre 5 e 10 anos, também da classe B.

2.3 Problema

"Qual é o problema do consumidor que o nosso produto solucionará? As necessidades, desejos, problemas ou vontades do consumidor precisam ser claramente identificados e expressos como base para o desenvolvimento do produto e da propaganda" (SANT'ANNA, 1996, p. 112).

- Pouco conhecimento do canal *delivery*.
- Falta de conhecimento do nome dos lanches.
- Falta de padronização e planejamento visual das lojas.
- Falta de divulgação para os produtos infantis.
- Os lanches têm nomes estranhos com os quais o consumidor não se identifica.

2.4 Plataforma

"Onde nos colocamos para nos comunicarmos? Onde colocamos a nossa mensagem para alcançar a audiência desejada?" (SANT'ANNA, 1996, p. 112)

Toda campanha será realizada no Estado de Minas Gerais, pois se trata de uma praça crítica em divulgação da marca e dos produtos, além de ser a praça que mais cresce em número de franquias da rede.

Serão veiculadas peças em TV, rádio, *outdoors*, *front-lights*, empenas, revistas, além de *merchandising* televisivo (propaganda *tie-in*) em programas infantis e de adultos. Também serão realizadas promoções de vendas e *merchandising* nos PDVs.

2.5 Promessa

O que vamos dizer? Precisamos ter a resposta que a nossa audiência desejada quer ouvir. Esta é a essência do que nós temos que dizer ao consumidor e que lhe dará maior motivação. Esta estratégia de promessa inclui benefício e uma razão ou porque expressa em termos de ação (SANT'ANNA, 1996, p. 12).

Destacar a nacionalidade da empresa, a qualidade e o sabor de seus produtos, além do preço acessível.

Comunicar que o serviço *delivery* é uma comodidade disponível.

Trabalhar a fixação da marca e o conhecimento dos nomes dos lanches e serviços, demonstrando, ao mesmo tempo, a qualidade deles, o sabor e o preço por meio da comunicação dos produtos e da padronização das embalagens e materiais de PDV.

Divulgar os produtos destinados ao público infantil, comunicando que eles são uma forma de alimentação saudável e divertida.

2.6 Apresentação

> Como executar os "Ps" básicos anteriores mais efetivamente e expressar o ponto de diferença que levará o consumidor à ação. Esta é a missão mais básica e fundamental da agência para fazer com que nossa promessa e o nosso produto fiquem acima da concorrência. (SANT'ANNA, 1996, p. 112)

A marca será vinculada a uma imagem de saúde, alegria e descontração. Por isso, faremos uso do humor para transmitir esse conceito por ser um estilo de comunicação muito bem-aceito pelo público que pretendemos atingir.

Ou seja, conforme o descrito, é preciso especificar que linha de criação será utilizada para transmitir os "conceitos" pretendidos e passar a informação desejada para o *target*.

Além do humor, existem várias outras estratégias criativas que podem ser utilizadas, tais como: testemunhal, informativa, emotiva etc. Abordaremos mais detalhadamente essas estratégias no Capítulo 6.

Planejamento de *marketing*

> **IMPORTANTE:** Este capítulo destina-se exclusivamente aos alunos do curso de Propaganda e Marketing. No curso de Publicidade e Propaganda, esse tópico está dissociado ao projeto, já que o planejamento de *marketing* não cabe à agência de propaganda, mas ao departamento de *marketing* do cliente.

O modelo de planejamento aqui apresentado é apenas de um esboço, e não incluímos exemplos para não induzir o leitor a conclusões precipitadas. Um planejamento adequado e eficaz que possa atender às necessidades de seu cliente exige um estudo mais aprofundado. Para tanto, indicamos os livros de Idalberto Chiavenato e Arão Sapiro (2003) e Philip Kotler (2000), além, é claro, da imprescindível assessoria dos professores orientadores da área.

3.1 Missão da organização

Missão é a tradução do comprometimento da empresa com o setor em que atua. Define o negócio da empresa e delimita a área de atuação. A missão representa a razão de ser da empresa e o papel dela perante o mercado e a sociedade como um todo.

Para ilustrar esse comprometimento, Kotler (2000, p. 88) apresenta a missão da Motorola:

> O propósito da Motorola é atender de maneira honrosa às necessidades da comunidade, fornecendo produtos e serviços de qualidade superior a um preço justo, fazê-lo de modo a obter um lucro adequado para possibilitar o crescimento da empresa como um todo e, com isso, fornecer a oportunidade para que nossos funcionários e acionistas alcancem objetivos pessoais razoáveis.

3.2 Visão da empresa

Esse aspecto está diretamente relacionado com a declaração de missão da empresa. Na visão da empresa, são definidos os planos para o futuro, em parceria com todos os partícipes da organização, sejam eles funcionários, sejam acionistas. Nesse processo, todos se empenham no estabelecimento de dois objetivos fundamentais: o que a empresa é e, o mais importante, que rumo deve tomar, ou seja, o que ela quer ser.

A seguir, apresentamos mais um exemplo extraído de Kotler (2000, p. 88):

> Nossa visão é ser líder global em participação de mercado em cada um dos mercados em que atuamos. Podemos conseguir esta posição de liderança fornecendo a nossos clientes, distribuidores e usuários finais produtos inovadores, de alta qualidade, baratos e que respeitem o meio ambiente. Agregaremos valor a esses produtos ao oferecer ao cliente um atendimento memorável, mediante nosso compromisso total com a satisfação do cliente.

3.3 Valores

Valores são crenças e atitudes que dão personalidade à empresa e definem a "ética" para a atuação das pessoas e da organização. Em geral, negócios sustentáveis ou com responsabilidade social estão amparados em valores como honestidade, transparência, qualidade, valorização das pessoas e da qualidade de vida e espírito de equipe.

3.4 Análise situacional

Esse tipo de análise é feito com base nas informações obtidas no *briefing*. Além disso, deve-se considerar uma análise crítica sobre a situação atual da empresa.

Nessa análise, devem constar ainda aspectos referentes ao crescimento obtido pela empresa nos últimos exercícios. É imprescindível analisar os diversos fatores que podem afetar a situação da empresa, tais como: social, legal, tecnológico, econômico, competitivo etc.

Com essas informações, a empresa ou organização pode desenvolver respostas às mudanças do ambiente e capacitar-se para tomar medidas proativas e não reativas.

3.5 Ambientes atendidos

Faça uma análise sobre o público atendido, avalie os perfis socioeconômico e psicográfico, identifique as regiões atendidas, verifique as políticas de preço, potencialidades e fragilidades na distribuição e compare todos esses fatores à logística e aos mecanismos estabelecidos pelos concorrentes.

3.6 Análise da segmentação de mercado

Analise o nicho de mercado em que atua o seu cliente/produto e compare a variedade ofertada pela empresa com a dos concorrentes. Analise também a evolução desse nicho nos últimos anos e destaque as oscilações sazonais na comercialização e o potencial de crescimento que existe para a categoria. Não se esqueça de justificar essa avaliação.

3.7 Análise do comportamento do consumidor

Os profissionais de *marketing* necessitam de informações sobre os clientes que consomem os produtos da empresa (ou que podem consumi-los). O conceito geral dessa análise é obter informações que ajudem a descrever e prever o que os consumidores do produto farão agora e no futuro. Para isso, é fundamental observar os aspectos demográficos e socioeconômicos e os estilos de vida.

3.8 Análise das oportunidades de mercado

Analisar as oportunidades de mercado é um procedimento importante para investigar os mercados que oferecem as maiores oportunidades para expansão do comércio dos produtos oferecidos pela empresa. Muitas são as ferramentas – tanto qualitativas quanto quantitativas – que podem ser utilizadas para identificar esses mercados e a relevância deles. Uma das técnicas qualitativas mais conhecidas é a pesquisa com grupos de foco (*focus group*), que pode revelar distorções na concepção ou mesmo posicionamento de um determinado produto ou serviço. De modo geral, quando se faz uma análise das oportunidades de mercado, a intenção é auxiliar o profissional de *marketing* a descobrir que mercados podem ser mais promissores para os produtos da empresa.

3.9 Ciclo de vida do produto

É importante identificar em que momento ou em qual estágio do ciclo de vida o produto está, pois, em um ambiente competitivo, as estratégias de *marketing* devem ser planejadas e usadas com base nesse estágio. A seguir, apresentam-se os estágios do ciclo de vida do produto.

Introdução

Nesse estágio, o produto já foi criado e passou pela seleção de ideia, pelo desenvolvimento de *mock-ups* e pelos pré-testes de mercado. É importante saber que a introdução é o estágio mais delicado e caro, porque grandes somas já foram investidas. No entanto, as pessoas tendem a recusar os produtos novos por desconhecerem as vantagens e os benefícios deles; é preciso, portanto, criar uma imagem favorável nesse período para a comercialização. A rejeição de um número considerável de consumidores talvez seja o principal motivo do fracasso da maioria dos produtos novos.

Crescimento

Nesse estágio, verifica-se a aceitação do mercado, pois as vendas e o lucro aumentam de forma mais acentuada. Entretanto, nesse momento, a concorrência pode reagir ao lançar novos produtos ou intensificar as campanhas dos já existentes.

Maturidade

No primeiro estágio da fase de maturidade, as vendas podem ainda continuar a aumentar, porém em percentuais cada vez menores. Na fase seguinte, as vendas se estabilizam ou crescem a taxas cada vez menores. Em geral, a razão principal é a intensa concorrência no preço. Nessa fase, a pressão maior é com as marcas secundárias, ou seja, as que têm parcelas menores de participação, que podem ser forçadas a sair do segmento por não terem lucros ou clientes suficientes.

Declínio

O estágio de declínio é medido pela redução do volume de vendas da categoria como um todo e pode ser inevitável pelas seguintes razões:

- *Inovação tecnológica*: um produto melhor e mais barato é desenvolvido para atender às mesmas necessidades. Exemplo: os filmes fotográficos estão sendo substituídos por máquinas digitais que não necessitam de filmes.
- *Obsoletismo*: um produto torna-se obsoleto quando outro, mais moderno e eficaz, é desenvolvido e colocado no mercado. Exemplo: as máquinas de escrever foram substituídas por computadores.

Identificado o estágio em que se encontra o produto, é importante justificá-lo, pois assim ficarão mais evidentes a necessidade e a viabilidade de investimentos ou não no produto ou serviço em questão.

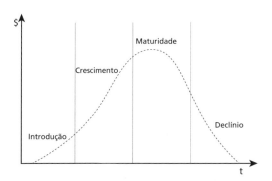

Gráfico 1   Ciclo de vida do produto.
Fonte: Extraído de ETZEL, 2001, p. 231.

3.10 Matriz do BCG

Trata-se de um esquema desenvolvido pelo Boston Consulting Group (BCG) na década de 1970, cujo objetivo é classificar cada um dos produtos do portfólio da empresa de acordo com dois fatores: participação de mercado e taxa de crescimento do setor.

Assim, conforme o quadrante em que o produto é classificado, são traçadas estratégias específicas para sua posição no mercado.

Estrelas

Os produtos com essa classificação têm grande participação de mercado e fazem parte de um setor que cresce de forma significativa. Os produtos classificados nessa categoria representam um desafio para as empresas, porque exigem grandes investimentos para que elas possam permanecer competitivas em um mercado em crescimento. Por isso, estratégias de *marketing* agressivas são essenciais para que se mantenham no mercado ou até mesmo ampliem a participação nele.

Vacas leiteiras

Os produtos com essa classificação têm grande participação de mercado em setores de negócios maduros (aqueles com taxas pequenas de crescimento). Os investimentos de *marketing* não são altos porque a maioria dos clientes é fiel ao produto. Como se trata de um produto que gera lucro, investimentos podem ser aplicados em outros produtos que necessitam de mais recursos. Assim, as estratégias para esse produto estão ligadas ao reforço e à manutenção do relacionamento com o consumidor.

Garoto-problema/interrogação

Essa classificação refere-se a produtos identificados pela pequena parcela de mercado em setores com altas taxas de crescimento. Um garoto-problema não transmite segurança em sua expansão, mas é altamente competitivo. A dúvida que surge é se vale a pena investir para que ele conquiste parcelas mais significativas de mercado ou deve se retirar do mercado, tragado pelos concorrentes mais poderosos. As estratégias mais apropriadas para os que decidirem investir nessa categoria de produtos estão ligadas às ações de forte impacto capazes de criar um significativo diferencial em relação aos concorrentes.

Abacaxis/bicho de estimação

Nessa classificação, os produtos têm pequena participação de mercado e fazem parte de setores com baixas taxas de crescimento. Nesse caso, seria um grande equívoco fazer grandes investimentos em produtos com esse perfil. O que normalmente ocorre é uma busca por parte das empresas a fim de minimizar custos para construir uma parcela significativa de mercado ou, então, dar um basta e desativar ou liquidar a linha de produtos.

É necessário que o enquadramento em uma das categorias descritas anteriormente seja acompanhado pela fundamentação teórica do que vem a ser a matriz do BCG. Assim, ficará mais clara a compreensão das ações propostas neste plano, que serão também baseadas no resultado deste estudo.

MATRIZ do BCG

	Participação de mercado do produto (+) →	
Taxa de crescimento do setor	Estrela	Garoto-problema
	Vaca leiteira	Abacaxi

Figura 1   Matriz do BCG.
Fonte: Chiavenato; Sapiro, 2003, p. 266.

3.11 Estabelecimento de objetivos de *marketing*

Os objetivos podem ser quantitativos, principalmente quando relacionados a resultados comerciais, como crescimento no faturamento ou participação de mercado, ou qualitativos, quando se referem à melhoria na imagem da empresa ou do produto e estão ligados diretamente à comunicação que a empresa faz com o seu *target*. Normalmente, os objetivos quantitativos estão explícitos no objetivo de mercado, e os qualitativos, no objetivo de comunicação, e juntos formam o objetivo de *marketing*.

3.12 Estratégias de *marketing*

Como atingir os objetivos traçados? Por meio de um plano de ações. O plano utilizado para realizar essa tarefa é conhecido como estratégia de *marketing*. Uma estratégia de *marketing* pode incluir técnicas de diferenciação de produto, posicionamento e decisões sobre preço e qualidade e deve ser usada como guia para o desenvolvimento de táticas exequíveis. Isso se resume em "o que eu vou fazer".

3.13 Táticas de *marketing*

Trata-se das ações determinadas pelo plano de *marketing* que devem ser executadas e que fazem parte do *market mix*, ou seja, estão relacionadas a preço, produto, distribuição e comunicação. Nessa configuração da tática de *marketing*, definem-se os seguintes critérios: quem desenvolverá as ações, quando e como. Isso se resume em "como eu vou fazer".

3.14 Métodos de avaliação e controle

O plano de *marketing* deve ser acompanhado durante todo o período de execução por meio de mecanismos desenvolvidos para apurar a eficácia e os resultados obtidos em cada ação executada. Contudo, não relacionaremos nenhum esquema específico para tal, pois, para cada ação, pode ser estabelecido um esquema de acompanhamento e aferição de resultados. Fica então a indicação de consulta a uma bibliografia específica para esse fim, de forma a dar maior profundidade ao estudo do método mais adequado para cada situação, além, é claro, da indispensável e insubstituível orientação do professor da área.

Planejamento de comunicação

Antes de iniciar seu planejamento de comunicação, é importante que você se lembre do nível de informações, conclusões ou obrigatoriedades transmitidas pelo cliente.

Conforme mencionado no Capítulo 2, muitas empresas não definem os objetivos de comunicação, cabendo essa tarefa à agência. Quando as empresas especificam os objetivos, a agência tem toda liberdade de revisá-los em seu planejamento ou acrescentar pontos que considere importantes para o cliente obter êxito em suas pretensões.

> **IMPORTANTE:** No planejamento, o texto deve ser elaborado sempre na primeira pessoa do plural, pois "Nós", da agência "BYX", planejamos executar as ações de tal forma.

4.1 Análise situacional[1]

Na análise situacional, devem ser considerados os aspectos relacionados a ambiente, mercado, demanda e concorrentes. Além disso, deve-se elaborar uma análise crítica dos problemas e das oportunidades que o produto tem no mercado.

---

[1] Essa análise destina-se apenas aos alunos de Publicidade e Propaganda, pois os de Propaganda e Marketing já a fizeram no Capítulo 4.

Os problemas e as oportunidades estão mais bem evidenciados na Figura 2.

Análise SWOT

Na conquista do objetivo

	Ajuda	Atrapalha
Interna (Organização)	Potencialidades	Fragilidades
Externa (Ambiente)	Oportunidades	Ameaças

Origem do fator

S POTENCIALIDADES (*Strenghts*)
W FRAGILIDADES (*Wealmesses*)
O OPORTUNIDADES (*Opportunities*)
T AMEAÇAS (*Threats*)

EXEMPLO:

Potencialidades	Fragilidades
• Boa imagem • Qualidade do produto • Baixo custo • Parcerias • Distribuição • Liderança de mercado • Competência • Tecnologia própria	• Falta de direção e estratégia • Pouco investimento em inovação • Linha de produtos muito reduzida • Distribuição limitada • Custos altos • Problemas operacionais internos • Falta de experiência da administração • Falta de formação dos funcionários
Oportunidades	**Ameaças**
• Rápido crescimento de mercado • Abertura aos mercados estrangeiros • Empresa rival enfrenta dificuldade • Encontrados novos usos do produto • Novas tecnologias • Mudanças demográficas • Novos métodos de distribuição • Diminuição da regulamentação	• Recessão • Nova tecnologia • Mudanças demográficas • Empresas rivais adotam novas estratégias • Barreiras ao comércio exterior • Desempenhos negativos das empresas associadas • Aumento da regulamentação

Figura 2 Análise SWOT.
Fonte: Extraído de Kotler, 2000, p. 99.

4.2 Objetivo de mercado

Refere-se às considerações sobre o objetivo estabelecido no *briefing*, como viabilidade técnica e operacional de alcançá-lo, capacidade produtiva, distribuição etc.

4.3 Objetivo de comunicação

Nesse item, deve-se adotar o mesmo procedimento apontado no item anterior. Se o cliente estabeleceu o objetivo de comunicação, verificar se ele é viável, se há condições para atingi-lo, se precisa ser revisto, ampliado ou mais bem focado.

Determinar o real objetivo de comunicação.

Exemplos: tornar o produto conhecido e incentivar o consumidor a experimentá-lo, demonstrar as principais vantagens do produto, criar mecanismos que levem o consumidor a se lembrar de comprar o produto etc.

4.4 Conteúdo básico da comunicação

Características essenciais e imprescindíveis que a comunicação deverá transmitir, identificadas pela agência e/ou especificadas pelo cliente, tais como: bem-estar, beleza, sofisticação e requinte, *design*, praticidade e jovialidade.

4.5 *Budget* (investimento/verba)

Indicar a verba disponível para a campanha e quanto ela representa percentualmente no faturamento da empresa, no produto ou na linha a que se destina.

4.6 Definição das estratégias de comunicação

Esse item refere-se aos recursos de comunicação aplicados para atingir o público-alvo, de modo a evidenciar as características dos produtos ou serviços anunciados e seduzi-lo ao processo de compra.

Indicar as ações que serão planejadas e as respectivas justificativas.

Planejamento de campanha

5.1 Tipos de campanha

Antes de transmitir o *briefing* de criação e mídia, é preciso definir o tipo de campanha. A seguir, apresentam-se os tipos mais conhecidos.

5.1.1 *Campanha institucional*: divulga a empresa como um todo, buscando a valorização e o reconhecimento da marca perante a sociedade ou o *target*.

5.1.2 *Campanha de propaganda*: a principal característica é a divulgação do produto, informando os principais benefícios e atributos, com o objetivo de tornar a marca mais conhecida e, por consequência, levar o consumidor a adquiri-la.

5.1.3 *Campanha guarda-chuva*: como as campanhas institucional e de propaganda, evidencia as características da marca, as quais são associadas à linha de produtos.

5.1.4 *Campanha promocional*: está atrelada a um mecanismo promocional e busca impulsionar vendas de imediato ou neutralizar ações da concorrência por meio de interatividade com o consumidor.

5.1.5 *Campanha de incentivo*: não se destina ao público final. Estimula o aumento das vendas por meio de incentivos aos intermediários, ou seja, promotores, vendedores do varejo etc.

5.1.6 *Campanha de preço*: destaca exclusivamente o preço ou os benefícios a ele atrelados, tais como leve três e pague dois. Assemelha-se à campanha promocional, porém, por não adotar nenhum tipo de mecânica para o oferecimento de benefícios, sejam eles financeiros ou em produtos, cabe diferenciá-la da anterior.

5.1.7 *Campanha cooperada*: é comum em empresas de varejo, que estabelecem parcerias com os fornecedores ao dividirem os custos dos investimentos e lucros com os resultados.

> **IMPORTANTE:** O projeto pode contemplar a combinação de um ou mais tipos de campanha. Nesse caso, é importante identificar qual será o foco principal e qual ou quais servirão como apoio.

5.2 *Briefing* de criação

O *briefing* de criação tem o objetivo de transmitir as informações obtidas com o cliente no *briefing* e apuradas no diagnóstico ao departamento de criação de forma clara e resumida, para que possa ser feito então um *brainstorm* para definição da linha criativa.

Os itens do "*briefing* de criação" são:

- Descrição sumária do produto/serviço.
- Perfil do *target*.
- Descrição dos objetivos.
- Promessa: melhor argumento motivador do produto em relação às oportunidades de mercado detectadas. É a base para o tema da campanha.
- Razão de compra: informações que dão suporte à promessa básica.
- Tratamento/personalidade da marca.
- Exigências e limitações: política da empresa, gosto pessoal dos executivos etc.

5.3 Objetivo da campanha

No objetivo da campanha, deve ser descrito o que se pretende de fato, ou seja, que informação importante deverá ser transmitida ao *target*.

Para tanto, pode-se utilizar determinado conceito (por exemplo, "saúde") como forma de comunicar ao *target* os benefícios associados ao produto ou à linha de produtos.

Outros exemplos: informar as novidades existentes no *mix* de produtos, comunicar novas formas de pagamento e a ampliação do horário de funcionamento etc.

5.4 Estratégia de campanha

Estratégia, como mencionado anteriormente, refere-se aos processos utilizados para alcançar os objetivos. Assim, a estratégia deverá orientar o percurso que deverá ser seguido em toda a campanha.

Existem diversas estratégias, as quais são apresentadas a seguir.

5.4.1 *Posicionamento*: o objetivo dessa estratégia é levar o consumidor a identificar o produto como sinônimo de determinada característica. Exemplo: "A marca de relógio Rolex é considerada de grande qualidade, mas seu posicionamento é sinônimo de *status*/sofisticação".

5.4.2 *Reposicionamento*: o consumidor que identificava determinado produto por uma característica, passa a enxergá-lo de outra forma. Exemplo: "As sandálias Havaianas eram vistas como um produto muito popular, sem nenhum valor agregado, entretanto o produto foi posicionado como um produto jovem, *fashion*".

5.4.3 *Indiferenciada*: não prioriza características específicas do produto e, em geral, é utilizada em produtos considerados *commodities*. É recomendada para fixar marcas ou linhas de produtos. Exemplo: "O sal Cisne tem maior fidelidade do *target* por estar mais familiarizado com a marca que o sal Lebre".

5.4.4 *Defesa*: normalmente utilizada pela marca líder quando atacada pelos concorrentes, por uma estratégia ofensiva. Em geral, apresentam-se, nesse tipo de campanha, benefícios que justificam a posição de líder. Exemplo: "A marca Bom Bril menciona fatores como qualidade, tecnologia e credibilidade em um momento em que a marca concorrente – Assolan – tira um parcela considerável de sua participação".

5.4.5 *Ofensiva*: evidencia as fragilidades do concorrente. Em geral, é utilizada pelas marcas que não ocupam a liderança, mas buscam conquistar uma parcela desse mercado. Exemplo: "Na campanha do Guaraná Antarctica mostrou-se a fruta guaraná que vem da Amazônia, e aí se sugere que o concorrente faça o mesmo, ou seja, mostre de que planta procede a matéria-prima de seu produto". Cabe ressaltar que, em muitos casos, campanhas desse tipo são tiradas do ar, quando consideradas inadequadas ou ofensivas pelo Conselho Nacional de Autorregulamentação Publicitária (Conar).

5.4.6 *Informação*: busca apenas informar as características e vantagens do produto. Pode ser utilizada em lançamentos ou quando um produto sofrer modificações. Exemplo: "*Lemon Ice**: o sabor de *Lemon** que você gosta com um toque a mais de limão".

5.4.7 *Testemunho*: é aplicada para dar credibilidade ao produto. O uso de celebridades, quando criteriosamente selecionadas, pode agregar valor à marca e trazer novos consumidores. Exemplo: "Ana Maria Braga apresentando as ofertas do Carrefour".

5.4.8 *Comparação*: nesse tipo de campanha, comparam-se o produto anunciado e as marcas líderes, sem denegrir a imagem de nenhum produto ou marca. No Brasil, essa estratégia não é muito usada e, quando realizada, gera polêmicas, e a campanha acaba saindo do ar por ações no Conar. Entretanto, apesar de não se tratar especificamente de uma campanha, podemos observar, em qualquer hipermercado dos grandes centros urbanos, carrinhos com compras realizadas naquela loja e outros com os mesmos itens comprados nos concorrentes para que os clientes observem o quanto eles estão ganhando ao comprarem nessa loja. Todavia, como todos adotam o mesmo procedimento, esse tipo de campanha perde um pouco o sentido. Trata-se de um exemplo claro de estratégia de comparação que acontece no varejo e que também poderia ser utilizada nos meios de comunicação.

5.4.9 *Humor*: trata-se de uma estratégia bem-aceita quando trabalhada com cuidado. De outro modo, poderá surtir efeito contrário, pois o consumidor poderá se sentir ofendido. Contudo, quando bem realizada, pode cativar muito os consumidores, sobretudo os mais jovens. Exemplo: "Inglês no CNA, onde a frase em inglês que aparecia não era entendida pelo personagem, as letras caíam e restava apenas a expressão *Me Tarzan*".

> **IMPORTANTE:** Pode-se adotar uma combinação de uma ou mais estratégias. Exemplo: informação com humor e reposicionamento com comparação.

5.5 Estilo e ritmo

O estilo e o ritmo estão diretamente ligados às estratégias da campanha. Exemplo: se a estratégia for de humor, provavelmente as peças terão um estilo mais irreverente, divertido; já se a estratégia for de testemunho ou defesa, poderá ser utilizado um estilo emocional. Defina o estilo como se estivesse falando de uma pessoa. Existem pessoas de estilo elegante, moderno, despojado, conservador, cosmopolita etc. Da mesma forma ocorre com uma campanha.

Quanto ao ritmo, poderá ser lento, médio ou acelerado, dependendo do que se pretende com essa comunicação e da intensidade com a qual o *target* será exposto durante o período da campanha.

Plano de trabalho criativo

6.1 Conceito

O plano de trabalho criativo (PTC) norteia toda campanha, de modo que ela tenha uma unidade. O PTC deve estar presente em todas as peças da campanha: natureza, saúde, diversão etc.

6.2 Temática

A temática refere-se ao assunto a ser abordado, à forma utilizada para promover o produto ou ao contexto em que ele será inserido. Exemplo: a temática explorada pode estar relacionada a conquistas, por meio da qual será demonstrado que só os que têm garra e força de vontade se tornam vencedores. Essa temática pode ser utilizada em uma campanha para os vestibulares, com o propósito de incentivar os estudantes a fazer um cursinho pré-vestibular do anunciante.

6.2.1 Tema

O tema é uma frase capaz de resumir o conceito que se pretende transmitir com a temática em uma só frase. Exemplo de tema: "A certeza de chegar lá".

6.3 Linha visual

Defina uma imagem ou um conjunto delas capaz de criar um *link* entre as peças. Isso é importante para dar uma identidade à campanha.

6.4 Linha textual

Trabalha como apoio ao conceito e à estratégia de campanha. Pode ter um apelo mais racional ou emocional e procura evidenciar diferenciais do que se está anunciando.

6.4.1 Slogan

Resume o conceito que o produto pretende transmitir sobre si mesmo ao *target*. Exemplo: "*Mega Flower**, faz com amor" ou "*Germany Car**, quem conhece, confia". O *slogan* também pode ser uma frase capaz de fechar a ideia desenvolvida na temática de uma campanha. Exemplo: "*Exata**, mais de você em você".

6.5 Detalhamento das peças desenvolvidas

Descrever as peças que serão desenvolvidas na sequência com seus respectivos tamanhos, formatos e veículos aos quais estarão destinadas.

É importante destacar que, no volume encadernado, a criação antecede a mídia; entretanto, no funcionamento do trabalho de uma agência ou mesmo do trabalho do grupo, não pode ser terminada uma etapa para que se inicie a outra, ou seja, não se deve esperar que a criação termine o seu trabalho para que a mídia dê início ao seu. Na verdade, o que ocorre nas agências, e deve acontecer durante o desenvolvimento do seu trabalho em grupo, é um trabalho em conjunto, em que simultaneamente se discutem os meios e veículos a serem utilizados, definem-se as peças e verificam-se os formatos a serem produzidos. Assim, tanto a criação como a mídia podem sugerir o uso de determinado meio ou veículo de comunicação, ou mesmo formato de anúncio. Entretanto, a análise da viabilidade do investimento/veiculação cabe à mídia. Por isso, devemos considerar que os modelos apresentados a seguir já tenham sido construídos a partir de uma reunião entre criação e mídia.

A seguir, apresentam-se exemplos de peças publicitárias.

TV aberta

- **Ficha técnica**:
  Cliente: *Clean Vision**
  Produto: televisor

Peça: filme comercial
Formato: 30"
Emissoras: A/B/C/D

- **Título**: *Visita inusitada*

- **Sinopse**: breve descrição do que será apresentado no comercial.

O comercial começa com um homem sentado no sofá de sua casa assistindo a um filme. Por trás da janela, surgem pessoas buscando o melhor ângulo para assistir também ao filme e aparece um pipoqueiro. A esposa do homem que assiste ao filme percebe a movimentação e diz: "Desse jeito é melhor cobrar ingresso".

O comercial é finalizado com a cena de várias pessoas entrando na sala da família para assistir ao filme, com o pipoqueiro dentro da sala vendendo pipocas.

E o comercial termina com a frase: "Com a TV Clean Vision*, é melhor você cobrar ingresso".

- **Roteiro**:

PE	T"	Vídeo	Áudio
PA	1"	Imagem de um homem de aproximadamente 40 anos sentado no sofá de uma sala de visitas.	Trilha de filme de espião. (Indicar nome da música e autor)

PE = plano de enquadramento; T" = tempo de duração da cena; PA = plano americano.
Observação: No quadro acima, há a descrição de uma cena de um roteiro de comercial para TV. O detalhamento das demais cenas segue o mesmo modelo até a cena final ou o *pack-shot*.

- **Justificativa**: explicar por que a linha de criação do comercial será eficiente para transmitir os conceitos pretendidos.

A TV é um dos meios mais importantes para formar uma imagem ou conceito sobre o produto, pois, por meio dela, o *target* poderá fazer uso do produto anunciado. Além disso, o público-alvo é jovem e identifica-se com personagens engraçados e anúncios bem-humorados. Assim, por meio do humor, poderemos associar a qualidade do produto à resolução de imagem do cinema, de modo a incentivar o telespectador a conhecer mais detalhadamente o produto.

> **IMPORTANTE:** Inserir o contrato de cessão de direitos de som e/ou imagem para anúncios de TV/ cinema/ internet. Ver modelo no "Apêndice".

TV por assinatura

* **Ficha técnica**:
  Emissoras: Sony, HBO e Telecine
  Formato: 15"

A descrição da peça para a TV por assinatura segue o mesmo formato da TV aberta. Quando for a mesma peça a ser veiculada, especificar TV aberta/ por assinatura, sendo dispensável a repetição de todos os itens. Quando for diferente, deverão ser detalhados os itens diferentes. Caso a justificativa seja a mesma, faça-a em conjunto.

Cinema

* **Ficha técnica:**
  Exibidoras: Cinemark e Playarte
  Formato: 30"

Na descrição da peça para o cinema, a "ficha técnica" e o "roteiro" podem ser iguais. Nesse caso, não é necessário repetir, contudo deve-se apresentar uma justificativa específica para o uso do meio cinema. Caso a peça seja desenvolvida exclusivamente para o cinema, é obrigatória a descrição de todos os itens, conforme modelo para TV aberta.

Merchandising na TV (propaganda *tie-in*)

* **Ficha técnica**:
  Cliente: Clean Vision*
  Produto: DVD
  Peça: filme comercial
  Formato: 2"
  Emissora: A
  Programa: *Big Friend Brasil 5**

* **Título**: *O DVD do Big Friend Brasil 5**

* **Sinopse**: breve descrição do que será apresentado na programação.

* Exemplo 1: (REALITY SHOW I) - Os personagens da casa serão convocados pelo diretor do programa para verificar o presente que acabam de

receber. Ao chegarem à sala, encontram um embrulho de presente. Ao abrirem, encontram o DVD Clean Vision*, que é imediatamente conectado. Ao apertarem a tecla *play*, começam a ser transmitidas mensagens de familiares. Os personagens da casa então elogiam o presente dizendo: "Puxa, este é um presente que emociona, gostaria muito de ganhar um desses". O apresentador interrompe o vídeo e diz: "É, mas, para ganhar este superpresente, vocês deverão executar um tarefa". E segue explicando o que deverão executar...

Esse é um tipo de *merchandising* feito ao vivo. Existe um tempo de exposição preestabelecido, mas o texto não é inteiramente predeterminado. Portanto, não é possível fazer um roteiro completo. A este tipo de ação podemos chamar de *merchandising* televisivo *híbrido*, ou seja, que possui características da *venda direta* e também do *contextualizado*. Já nas novelas, que são gravadas e editadas previamente, é possível fazer uma sinopse e um roteiro detalhados sobre o que deverá ocorrer, chamado *contextualizado*.

- Exemplo 2: (NOVELA III) - A personagem Maria Aparecida repreende uma funcionária porque ela se esqueceu de pagar a fatura que estava programada para a data anterior e, por isso, o título poderia ir para o cartório. A dona da loja pega o telefone e fala com o amável gerente de seu banco e o problema é imediatamente resolvido. A história termina de uma maneira feliz, pois o gerente diz que, a partir daquele dia, a empresária poderá ficar tranquila, porque ele acompanhará diariamente a conta gerenciada pelo Banco Valor*.

- Roteiro:

PE	T"	Vídeo	Áudio
PA	5"	A personagem Maria Aparecida fala em tom de preocupação com sua funcionária.	"Você pagou a fatura do fornecedor de azulejos como eu havia pedido?"

PE = plano de enquadramento; T" = tempo de duração da cena; PA = plano americano.
Observação: No quadro acima, vemos a descrição de uma cena de um *merchandising contextualizado*, realizado em uma novela de TV. O detalhamento das demais cenas segue o mesmo modelo até a última cena, em que o produto é exibido ou mencionado.

Já o *merchandising* feito por programas femininos ou de auditório serve como uma espécie de *"venda direta"*, que acontece normalmente quando o apresentador interrompe o andamento do programa e vai anunciar determinado produto dentro do próprio cenário; em geral, há apenas uma cena; em alguns casos, o *merchandising* é interrompido por cenas de vídeo que explicam como o produto deve ser utilizado. Nesse caso, o roteiro deverá conter apenas uma ou duas cenas (vídeo) conforme preestabelecido, especificando se será feito com testemunho do apresentador ou de um *merchandete*, e, no áudio, deverá ser descrito todo o texto sobre o produto. Esta modalidade é chamada *merchandising televisiva de venda direta*.

- **Justificativa**: explicar por que a utilização do *merchandising* de TV será eficiente para transmitir os conceitos pretendidos.

A TV é um dos meios mais importantes para formar uma imagem ou conceito sobre o produto, pois, por meio dela, o *target* poderá também fazer uso do produto anunciado. Além disso, o público-alvo é fortemente influenciado pelo testemunho de artistas com os quais se identifica ou os que são considerados inteligentes e bem-sucedidos. Assim, espelhando-se nesses personagens, o público-alvo se sentirá motivado a adquirir o produto e a desfrutar da qualidade do produto utilizado pelo personagem da trama.

Rádio AM

- **Ficha técnica**:
  Tipo: *spot*
  Cliente: Burger Queen*
  Produto: Star Burger*
  Emissora: Brasil Jovem AM*
  Formato: 30"

- **Título**: "Fome de futebol"

- **Texto**: "É, ouvinte da Brasil Jovem AM*, este jogo está muito difícil e a bola não está entrando. Parece que os jogadores não estão com fome de gol, mas você está. Venha marcar um gol de placa, passe agora mesmo em uma das lojas Burger Queen* e experimente o novo Star Burger*, o sanduíche que as maiores estrelas do futebol já aprovaram. O Star Burger* é saudável porque é feito com os melhores ingredientes, assim você passa bem mesmo quando o seu clube não vai bem. É isso, Star Burger* é o lanche da torcida brasileira."

- **Justificativa**: explicar por que a utilização do *spot* em rádio AM será importante para a comunicação do produto.

O *spot* permite explicitar os principais benefícios do produto com uma linguagem parecida com o conteúdo da programação do rádio, criando sinergia e fidelidade com o ouvinte. Além disso, as lojas Burger Queen estão localizadas próximas a estádios de futebol. Por isso, ao anunciarmos em programas esportivos em rádio AM, aproximaremos a torcida da rede de loja, o que permitirá a um grande público, consumidor em potencial, experimentar o produto. Deve-se destacar também que o torcedor terá uma opção saudável de alimentação.

Rádio FM

- **Ficha técnica:**
  Tipo: *jingle*
  Cliente: Burger Queen*
  Produto: Star Burger*
  Emissoras: Brasil Jovem*, Mega* e Inovação FM*
  Formato: 30"

- **Título**: "Sabor e saúde para quem tem pressa"

- **Letra da música**:
  "Bem-vindo, bem-vindo à Burger Queen*
  Nós estamos felizes porque você chegou
  Agora se surpreenda com o que vamos lhe oferecer...
  Star Burger*,
  Saudável e saboroso
  Rápido e gostoso
  Em um ambiente agradável
  E você não precisa esperar, uh!
  Star Burger*, este sim é gostoso de verdade!"

- **Justificativa**: explicar por que a utilização do *jingle* em rádio FM será importante para a comunicação do produto.

O *jingle* permite fixar os principais benefícios do produto com uma linguagem simples e possibilita uma maior aproximação entre o *target* e a rede de lojas. O *jingle* também gera uma maior sinergia e fidelidade com o ouvinte. Além disso, as lojas Burger Queen* ficam bem localizadas, próximas a pontos estratégicos da cidade, onde um grande número de motoristas que ouvem rádio transita diariamente e será motivado a conhecer a loja e experimentar o produto.

> **IMPORTANTE:** Inserir contrato de cessão de direitos de som para anúncios de rádio. Ver modelo no "Apêndice".

Internet

- **Ficha técnica:**
  Tipo: *full banner*
  Portais: Tics*, Universo*, World*
  Cor: quatro cores
  Tamanho: 468 x 60 mm

- **Texto alternado**
  "O maior
  O mais gostoso
  Simplesmente o melhor
  Star Burger*
  Você encontra
  Só no Burger Queen*"

- **Justificativa**: explicar por que o uso da internet será importante para a campanha.

Por meio do *full banner*, é possível explicitar os principais benefícios do produto e atrair a atenção do público para o aspecto visual dos sanduíches. Esse tipo de mídia pode ainda despertar o apetite do *target* durante o expediente de trabalho. Dessa forma, ele se lembrará sempre da marca na hora do almoço e a indicará aos colegas.

Revista para o consumidor

O anúncio apresentado a seguir foi criado pela agência Ícone* para o cliente Cia. Nosso Petro*, com propósito de divulgar o produto "Gasolina Quality*". A peça publicitária foi publicada na revista *Nosso tempo*, em 24 de novembro de 2003.

- **Ficha técnica:**
  Veículo: revista *Nosso tempo*
  Formato: páginas duplas

Cor: quatro cores
Tamanho: 40,4 x 53 cm

- **Título**: "O espelho não mente"

- **Texto**: "O programa Gasolina Quality Nosso Petro* assegura a boa procedência do combustível que vai para o seu carro. E não é só porque a gente diz. Você mesmo pode comprovar através do exclusivo filtro transparente no bico da bomba. Ali você vê que a gasolina é vermelha e garantida. Um processo tão bem feito que recebeu o certificado ISO 9003. A Gasolina Garantida você só encontra nos postos Esso aprovados. Passe em um e veja você mesmo como aqui é diferente. Gasolina Quality Nosso Petro*. A única vermelha e com filtro transparente. Nosso Petro*. Nós também somos motoristas."

- **Justificativa**: explicar por que o uso da revista será importante na campanha.

A revista tem grande circulação entre o público-alvo, sobretudo os formadores de opinião. Além disso, a revista tem poder de convencimento graças à união de imagem e texto e possibilita ao consumidor conhecer mais sobre o produto e as vantagens dele.

Revista segmentada (*trade*)

O anúncio apresentado a seguir foi criado pela agência Freud&Jung* para o cliente Milano*, com o propósito de divulgar a linha de alimentos infantis. O anúncio foi publicado em junho de 2003, na revista *Nova*.

- **Ficha técnica**:
  Veículo: revista *Nova*
  Formato: página simples
  Cor: quatro cores
  Tamanho: 20,2 x 26,5 cm

- **Título**: "Como aumentar seus lucros em 4 etapas"

- **Texto**: "Chegou o programa de nutrição Milano*. Ele está dividido em quatro etapas, que vão do 6º mês ao 3º ano de vida. Uma linha com mais de 50 produtos, 100% natural. Por isso, é muito importante que você coloque em suas prateleiras o máximo de variedades possível, pois é justamente essa diversidade que vai atrair o consumidor, ajudando a alavancar suas vendas. Alimentos Infantis Milano*. Transformando cada etapa da vida do bebê em lucros pra você. Alimentos Infantis Milano*. Alimento certo, na idade certa."

- **Justificativa**: explicar por que o uso da revista será importante na campanha.

Como a revista tem grande circulação entre os compradores/decisores de compra do mercado varejista, estar presente nesse tipo de publicação é fundamental para lembrá-los sobre o giro e o lucro que esses produtos proporcionam, além da importância destes para a composição do *mix* de produtos dos PDVs.

Jornal

O anúncio apresentado a seguir foi criado pela agência Brasília SP&MG*para o cliente Grape Corporation*, com o propósito de divulgar a linha de processadores Rastel Inside*. O anúncio foi publicado em 25 de janeiro de 2016, em *O Estado Moderno*.

- **Ficha técnica**:
  Veículo: *O Estado Moderno*
  Formato: 1/2 de página
  Cor: duas cores
  Tamanho: 29,6 x 25,8 cm

- **Título**: "Economia, *performance*, mobilidade e qualidade"

- **Texto**: "A Rastel* é a maior fabricante de processadores do mundo. Há mais de 30 anos, ela pesquisa, desenvolve e fabrica processadores com tecnologia de ponta. Com todo esse *know-how*, não é à toa que ela tenha criado um processador que se adapta perfeitamente às suas necessidades. O processador Rastel Fast*, por exemplo, tem um excelente custo-benefício. O processador Rastel Generation 4* com Tecnologia Movel Rastel Faster*, mais mobilidade, proporcionando aos usuários de *notebooks* a liberdade que procuram. Em outras palavras, o computador que você precisa tem o selo Rastel Inside*. Família de Processadores Rastel*. Um deles foi feito pensando em você."

- **Justificativa**: explicar por que o uso do jornal será importante na campanha.

O jornal tem grande circulação diária entre o público-alvo, sobretudo os formadores de opinião. Tem credibilidade e poder de convencimento imediato por causa da atualidade e da união de imagem e texto, o que permite ao consumidor conhecer mais sobre o produto e os principais benefícios dele.

Outdoor

- **Ficha técnica**:
  Tipo: com aplique
  Cor: quatro cores
  Tamanho: 9 x 3 m

- **Título**: "Mobilidade, *performance*, economia e qualidade"

- **Assinatura**: "Processadores Rastel*. Um deles foi feito pensando em você."

- **Justificativa**: explicar por que o uso do *outdoor* será importante na campanha.

O *outdoor* atinge amplamente o *target* que passa a maior parte do tempo pelas ruas. Com 27 m² de puro impacto visual, o *outdoor* tem espaço suficiente para transmitir a imagem que desejamos. Como *outdoor* faz parte da paisagem urbana, ele participa nas decisões de consumo e as estimula. Além disso, está presente 24 horas por dia.

Busdoor

- **Ficha técnica**:
  Tipo: traseiro
  Cor: quatro cores
  Formato: *back bus*
  Tamanho: 2,80 x 2,30 m

- **Título**: "Versatilidade, mobilidade, *performance*"

- **Assinatura**: "Processadores Rastel*. Um deles foi feito pensando em você."

- **Justificativa**: explicar por que o uso do *busdoor* será importante na campanha.

Atinge amplamente o *target* que passa a maior parte do tempo pelas ruas. Será utilizado para reforçar os conceitos da campanha e criar uma associação rápida com a marca. Por isso, as peças serão compostas de imagem do produto sendo manuseado por um usuário.

Empena

- **Ficha técnica**:
  Material: PVC
  Cor: quatro cores
  Formato: 7,8 x 3 m

- **Título**: "Mobilidade, *design* e *performance*"

- **Assinatura**: "Processadores Rastel*. Um deles foi feito pensando em você."

- **Justificativa**: explicar por que o uso da empena será importante na campanha.

A empena atinge amplamente o *target* com grande impacto e possibilita a escolha de sua aplicação em locais próximos aos PDVs e também com grande circulação de pessoas. É uma das boas opções para associar, por meio da imagem, a marca ao contexto urbano no qual se insere o perfil do usuário do produto.

Frontlight

- **Ficha técnica**:
  Material: PVC
  Cor: quatro cores
  Formato: 8 x 4 m

- **Título**: "Clareza, *performance*, economia e qualidade"

- **Assinatura**: "Processadores Rastel*. Um deles foi feito pensando em você."

- **Justificativa**: explicar por que o uso do *frontlight* será importante na campanha.

O *frontlight* atinge amplamente o *target* que passa a maior parte do tempo pelas ruas, sobretudo à noite. Tem grande impacto visual e espaço suficiente para transmitir a imagem que desejamos. Como o *frontlight* faz parte da paisagem urbana, ele participa nas decisões de consumo e as estimula. Além disso, está presente 24 horas por dia.

Outros veículos

Eis outros veículos que devem ser considerados: mobiliário urbano, envelopamento de trens, *taxidoor*, painel de metrô etc. Especificar sempre o tipo de material utilizado, o formato, as cores, o título e o texto e justificar o porquê de sua importância para a campanha.

Broadside

O *broadside* é uma peça de fundamental importância, pois resume a campanha que será feita como um todo para o consumidor final e a apresenta em um único material para o intermediário (revendedor ou distribuidor). Por meio desse material, com réplicas dos materiais que serão produzidos e veiculados, esse intermediário deverá se sentir estimulado a adquirir o produto ou, se já o comercializa, maiores quantidades, visando atender ao aumento de demanda que a comunicação gerará.

Normalmente, é uma das peças mais criativas e trabalhadas da campanha, pois atinge um pequeno público (profissionais de compras do varejo ou mesmo empresários do setor), portanto de grande importância, ou seja, é o instrumento responsável por convencer esses profissionais de compras a adquirir o produto e fazer que ele chegue até as gôndolas.

A seguir, apresenta-se um exemplo fictício.

- **Ficha técnica**:
  Cliente: Bernard & Shutzer*
  Produto: Opção Eco*
  Material: papel cuchê de 120 gramas
  Cor: quatro cores
  Tamanho: 20 x 56 cm
  Formato: fôlder com quatro dobras e faca especial

- **Título**: "Opção que vende"

- **Frente**: "Agora a linha de produtos Opção Eco* está de cara nova só para fazer você ficar com a maior cara de felicidade no final das contas. Os produtos Opção Eco* – lava-louças, concentrado, limpador multiuso, limpador concentrado e lava-roupas líquido –, que são líderes de mercado nos países do Primeiro Mundo, estão com novos rótulos e novas embalagens tão atraentes que não restará nenhum nas prateleiras."

- **Primeira dobra:**
  1) *Lava-roupas líquido*: "À base de sabão de origem vegetal, esse lava-roupas, em testes reais, foi considerado pelas consumidoras tão eficaz quanto

as marcas existentes no mercado, pois não prejudica as roupas nem a natureza."
2) *Limpador multiuso*: "Com perfume suave e refrescante de eucalipto, é excelente na limpeza de qualquer superfície lavável."

- **Segunda dobra:**
  1) *Lava-louças concentrado*: "Graças à sua composição à base de sabão de óleo de coco, é eficaz na limpeza de gorduras, fácil de enxaguar e econômico, sem provocar irritações nas mãos."
  2) *Limpador concentrado*: "Ideal para limpeza de grandes superfícies laváveis, não sendo necessário enxaguar ou enxugar."
  3) *Opção Eco**: "Sua melhor opção de venda."

- **Terceira dobra**: "Veja como a sua melhor opção de compra vai se tornar a melhor opção de venda."

- **Campanha:**
  Anúncios em revistas femininas especializadas (fotos das capas)
  Outdoor (reprodução da peça que será veiculada)
  Veiculação em rádio (logo das rádios)
  Veiculação em TV (logo das emissoras) e relação de programas

- **Promoção:**
  Veiculação em TV e rádio
  Vasta comunicação no PDV (reprodução das peças que serão utilizadas, tais como: faixas de gôndolas, cupons, folhetos, cartazetes, brindes etc.)

- **Verso**: "Faça uma opção que vende. Faça uma Opção Eco*."

Plano de ação

7.1 Tipos de promoção

Na maioria dos casos, as promoções de venda são implementadas para alavancar as vendas. Para isso, é necessário saber o número médio de vendas atuais para que possam projetar objetivos e metas para essas ações.

No planejamento dessas ações promocionais, deve-se estabelecer um calendário de datas comemorativas ou de picos de demandas. E, por fim, é importante também conhecer os tipos de promoção existentes e as principais características deles.

7.1.1 Promoção de vendas de caráter comercial

Para a realização desse tipo de promoção, deve-se obter registro na Caixa Econômica Federal, pois a participação do consumidor está vinculada à compra de algum tipo de produto ou serviço. Trata-se do tipo de promoção mais executado, já que possibilita a fácil checagem do percentual de adesão e do resultado em vendas obtido com a ação. Entretanto, os custos para implementação são normalmente maiores que dos outros tipos de promoção. Além disso, esse tipo de promoção exige um planejamento com um prazo maior, tendo em vista a antecedência necessária para que se obtenha a autorização – expedida pelo órgão competente – para realização da ação.

A seguir, apresentam-se alguns tipos de promoção comercial.

7.1.1.1 *Concurso*: em geral, o interessado em participar deve responder a uma pergunta. As empresas formulam perguntas fáceis ou óbvias para que os consumidores não errem. A seleção do ganhador é feita por meio de sorteio dos cupons recebidos, ou seja, estes são jogados para cima e pegos um a um, até o número de prêmios previsto ser completado. Um auditor independente checa todo o processo. Se todos os cupons sorteados estiverem de acordo com o regulamento, os ganhadores serão comunicados e deverão retirar os prêmios no prazo previsto.

Exemplo: "Neste Dia das Mães compre perfumes de 'A Essência'* e concorra a uma viagem para Paris, com acompanhante. A cada R$ 50,00 o consumidor terá direito a um cupom. Nesse cupom, ele deverá preencher os dados pessoais e responder à seguinte pergunta: 'Qual a marca de perfumes que dá uma viagem com acompanhante para Paris?'".
Cabe salientar que, para esse tipo de premiação (viagem internacional), é necessário estabelecer uma premiação alternativa, caso o ganhador não consiga obter o visto de entrada no país em questão.

7.1.1.2 *Sorteio*: esse sistema consiste em uma combinação de números baseada na extração da Loteria Federal da data estabelecida no regulamento. Cabe ao portador do cupom conferir e manifestar-se para ter direito a retirar o prêmio.

Exemplo: verifique a combinação de números da extração da Loteria Federal de 18 de janeiro de 2016, conforme esquema apresentado a seguir.

1º Prêmio
4 2 0 5 7 8

2º Prêmio
2 2 0 9 9 9

3º Prêmio
3 5 4 0 1 1

4º Prêmio
7 7 0 8 8 2

5º Prêmio
3 3 1 4 5 4

6º Prêmio
5 5 0 8 9 1

De acordo com esse esquema, o ganhador seria o consumidor que portasse o cupom de nº **423.735**.

7.1.1.3 *Operação assemelhada*: combina características do regulamento de concurso e sorteio, ou seja, extração da Loteria Federal ou combinação desses números mais a realização de uma outra tarefa, tal como responder a uma pergunta.

Exemplo: o cupom pode ser destacado em duas partes: a parte em que constam os dados pessoais e a resposta à pergunta deve ser depositada na urna destinada ao sorteio de uma viagem, e a outra parte, em que consta a numeração para extração pela Loteria Federal, fica com o cliente para participar do sorteio de um carro. Ou seja, em uma só promoção, existem duas formas diferentes de participar e ganhar prêmios.

Cabe salientar que, para todo tipo de promoção registrada, há um prazo legal para prestação de contas dos ganhadores ao órgão responsável no governo. Por isso, caso o ganhador não seja localizado, a empresa responsável pela promoção deverá recolher a quantia correspondente ao valor do prêmio para o Tesouro Nacional. Como as empresas não têm interesse em premiar o governo, mas sim os clientes, elas procuram sempre encontrar os ganhadores, pois assim poderão também explorar a própria imagem para divulgação dos resultados de sua campanha de acordo com o previsto nos regulamentos.

7.1.2 Promoção de vendas de caráter cultural

Apesar de a denominação estar associada à cultura, nem sempre esse tipo de promoção é elaborado como algo com esse perfil. O que define realmente se uma promoção se enquadra ou não nessa categoria é a dispensa da compra de qualquer produto ou serviço para participar, ou seja, se não é necessário desembolsar nada, pode ser considerada uma promoção de caráter cultural e, por isso, não há necessidade de registro. Mas, afinal, se não é necessário desembolsar ou comprar nada, para que então fazer uma promoção como essa?

Para atrair fluxo de consumidores para a loja, por exemplo.

O lojista sabe que nem sempre o consumidor está disposto a comprar algo para participar de alguma campanha, contudo, ao ser atraído para um ponto comercial por uma mecânica atraente, o cliente em potencial se sentirá motivado a comprar algo, que não havia *a priori* planejado.

Exemplo: "Venha demonstrar o quanto você ama sua mãe no Shopping Brasil Sul*. Escreva uma frase dizendo o quanto você ama sua mãe. As frases mais bonitas serão premiadas com um pingente de ouro no formato de coração. Para participar você não precisa comprar nada, basta ir até uma das lojas do *shopping* e solicitar o seu cupom".

Como diz o regulamento, o consumidor não precisa comprar nada, mas, uma vez que já está no *shopping*, será tentado a comprar algo, motivado pelo apelo visual das vitrines ou mesmo pela abordagem dos vendedores.

7.1.3 Promoção de vendas de caráter social

A lei que rege as promoções é de 1971. Naquela época, o mercado promocional e publicitário no país era ainda incipiente, portanto pode-se dizer que nem todas as possibilidades e os mecanismos existentes estão previstos em lei. Um desses mecanismos não previstos refere-se às promoções de caráter social.

Essas ações promocionais podem estar vinculadas ou não à compra de algum produto. Se uma ação desse tipo estiver diretamente vinculada à compra de algum produto, o órgão competente deverá ser consultado, a fim de verificar a necessidade do registro; do contrário, o registro não será exigido. Contudo, cabe destacar que o principal beneficiado com um prêmio desse tipo de ação promocional não é o consumidor, mas uma instituição beneficente reconhecida.

Exemplo: "Promoção de Natal do Shopping da Baixada*! Faça suas compras de Natal no Shopping da Baixada* e, a cada R$ 100,00 em compras, R$ 1,00 será doado para a campanha Natal sem Fome. Shopping da Baixada*, por um Natal mais feliz e solidário".

Esse exemplo é de uma campanha promocional de caráter social, que necessita de consulta ao órgão competente para verificar se há ou não necessidade de fazer o registro. Cabe ressaltar que outras campanhas de mecanismos semelhantes já foram dispensadas do registro, contudo a consulta se faz obrigatória.[1]

> **IMPORTANTE:** Em cada uma das ações planejadas, sejam elas promoções de vendas, campanhas de incentivos, patrocínios, eventos etc., devem-se, nesta ordem, definir os seguintes itens: título, objetivo, estratégia, tática, justificativa e relação de recursos e materiais necessários.

---

[1] Mais informações sobre promoções comerciais e a legislação atual estão disponíveis em: <www.caixa.gov.br>. Acesso em: 17 jan. 2015.

7.1.4 Título

Refere-se ao nome da ação.
Exemplo: "Promoção Surpresa de Natal".

7.1.5 Objetivo

O que pretendo com essa ação?
Exemplo: "O principal objetivo desta ação é alavancar vendas neste período sazonal e ao mesmo tempo aproximar a marca do público masculino, fixando sua imagem e fidelizando consumidores".

7.1.6 Estratégia

O que vou fazer?
Exemplo: "Serão feitas abordagens nas lojas com a distribuição de amostras do produto, quando também se divulgará a promoção 'Achou, ganhou'".

7.1.7 Tática/mecânica/regulamento

> **IMPORTANTE:** De acordo com a ação planejada, poderá ser alterada a definição desse tópico. Exemplo: quando se trata de ações de *merchandising*, que são menos complexas e, por isso, podem ser compreendidas facilmente, utilizamos com frequência o termo "tática" para definir como iremos fazê-la. No caso de explicações sobre os procedimentos adotados em uma campanha de incentivos, costumamos usar a palavra "mecânica". Quando detalhamos, por exemplo, uma promoção de vendas de caráter comercial que tem um grau maior de complexidade, inclusive para atender à legislação vigente, adotamos o termo "regulamento".

Como vou fazer?
Exemplo: "A ação promocional ocorrerá de 1º de novembro a 31 de dezembro de 2005, tendo, portanto, dois meses de duração. Participarão dessa campanha todos os PDVs que comercializam o produto, que receberão todos os materiais promocionais. Para participar, basta adquirir qualquer um dos produtos da linha, em cujas embalagens poderá haver um vale-brinde que dará direito a uma máquina fotográfica Digital Clic*. Serão 100 máquinas no total e, para

receber o prêmio, o consumidor deverá ligar para o número que consta no vale-brinde premiado e informar o código nele descrito, além dos dados pessoais, como endereço, telefone etc. Os prêmios serão entregues aos ganhadores no prazo de até 30 dias, no domicílio deles".

7.1.8 Justificativa

Por que vou fazer?

Exemplo: "A ação será implementada em todos os PDVs em que o produto é revendido. É necessário um reforço maior nos PDVs mais significativos, como os hipermercados. Esse tipo de ação tem os seguintes objetivos: incentivar o cliente a experimentar o produto, impulsionar vendas e fidelizar os consumidores, de modo que o produto permaneça por mais tempo na mente deles".

Observação: Os exemplos apresentados estão bastante resumidos e servem apenas para ilustrar o tópico ao qual estão relacionados.

7.1.9 Relação de recursos e materiais

Elabore uma planilha com todos os materiais e recursos necessários para realização da ação. Indique quantidade, preço unitário e total de cada item, inclusive de contratação de pessoal extra para o período. (Para especificar as peças, utilize o mesmo modelo e critério adotado para a descrição das peças de campanha.) Assim, se optar por fazer o fechamento com o valor de cada uma das ações em separado, esse procedimento facilitará a contabilização e também a justificativa do investimento para o cliente.

7.1.10 Orçamentos

Detalhar em uma planilha os materiais e recursos que serão utilizados, quantidades e indicação dos fornecedores com quem se fez as cotações. É importante justificar também as quantidades propostas de cada material.

Tabela 1 Orçamento de campanha promocional

ORÇAMENTO DE CAMPANHA PROMOCIONAL

Cliente: **Brazilian School** Serviço: **Curso de Inglês High School** Ação: **Matricule-se e concorra**			LOGO DA AGÊNCIA
Tema: **Promoção na Disney com High School**		Período: **Junho/2016**	

Relação de recursos	Quantidade	Valor unitário	Valor total do item
Promotores (um mês)	10	2.000,00	R$ 20.000,00
Uniformes	30	180,00	R$ 5.400,00
Cartazete	200	3,20	R$ 640,00
Bandeirolas	1.000	1,80	R$ 1.800,00
Take one	10.000	0,32	R$ 3.200,00
Display para take one	100	2,50	R$ 250,00
Mochila	50	48,00	R$ 2.400,00
Canetas	2.000	1,18	R$ 2.360,00
Bloco de anotação	1.000	1,05	R$ 1.500,00
Cadernos	200	7,60	R$ 1.520,00
Pacote de viagem	6	3.650,00	R$ 21.900,00
Registro na Caixa Econômica Federal (CEF)	1	25% do prêmio	R$ 5.475,00
			R$ 66.445,00

Data: _____/_____/_____.

_____
Autorização do cliente

Observação: Os honorários da agência serão destacados na planilha geral de orçamentos.

Fonte: Elaborada pelo autor.

7.2 Campanhas de incentivo

Para que a empresa possa obter bons resultados em vendas de um produto e, consequentemente, atingir os objetivos mercadológicos, ela deve, além de fazer propaganda para conscientizar, diferenciar, agregar valor etc., promover o produto para que o consumidor seja atraído por alguma mecânica ou exposição (*merchandising*). Mas tudo isso pode não ser suficiente se encontrarmos nas lojas vendedores ou balconistas desmotivados a vender aquele produto ou, pior, motivados a vender os produtos do concorrente. É o que normalmente acontece com empresas que pensam em outras ferramentas e deixam de lado as campanhas de incentivo.

É claro que as campanhas de incentivo não são feitas exclusivamente para vendedores ou balconistas, mas é importante salientar que eles são, sem dúvida, o maior alvo elas, pois, afinal, são eles que fazem um produto girar, ou não, no PDV.

O que é importante destacar é que toda campanha de incentivo deve sempre ter ganhador, caso contrário as próximas não terão credibilidade. É o que acontece com empresas que não pagam os prêmios ou elaboram mecânicas com metas inatingíveis.

Outro ponto importante é que, apesar de não existir nenhuma legislação específica sobre o tema, as campanhas de incentivo não fazem parte da legislação que trata das promoções comerciais, como é o caso das promoções de vendas, mas sim da legislação trabalhista, pois trata de forma indireta de uma espécie de remuneração do funcionário ou intermediário. Cabe também salientar que, ao contrário da anterior, não é necessário nenhum tipo de registro ou autorização para sua implantação.

Por fim, vale lembrar que, mesmo não existindo uma variedade muito grande de mecanismo de premiação, é sempre importante que a campanha de incentivo pareça sempre nova, ou seja, que o público a encare sempre como um novo e empolgante desafio.

A seguir, apresentam-se as mecânicas mais utilizadas.

7.2.1 Guelta (vendeu, ganhou)

A palavra guelta, que significa, para os judeus, dinheiro, pode ser entendida também como um tipo de premiação paga aos vendedores que trabalham com diversas marcas no mesmo PDV; é muito comum no setor de eletrodomésticos, em que cada produto de determinada marca é remunerado pelo fabricante por um valor em dinheiro, *tickets* ou cartão com um crédito no valor do prêmio. Todos têm direito ao prêmio proporcional, independentemente do número de produtos vendidos.

7.2.2 Pontos por produto

Mecânica de incentivo que oferece uma pontuação correspondente à venda de cada um dos produtos da linha. Ao final de cada período, os pontos podem ser somados e trocados pelos prêmios correspondentes à pontuação acumulada.

Esses prêmios podem ser produtos do próprio fabricante que está promovendo o incentivo ou outros que sejam adquiridos para esse fim. Todos têm direito ao prêmio proporcional, a partir do alcance de um número mínimo de pontos correspondente ao prêmio menor.

7.2.3 Vouchers

Essa mecânica visa premiar apenas os vendedores que atingem a meta previamente estabelecida. Os demais não recebem. Porém, é importante destacar, como já mencionado, que alguém deve ser premiado, caso contrário a meta foi superestimada e a campanha cairá em descrédito. O *voucher* pode ser um vale-compra de um valor específico para uma determinada rede de lojas ou mesmo um *voucher* de viagem. Os *vouchers* de viagens são normalmente considerados a premiação máxima dentro de uma campanha de incentivo, pois sempre deixam uma lembrança residual para o premiado.

7.2.4 Atrelada ao consumidor

Mecânica que associa a sorte do consumidor ao vendedor que o atendeu. Exemplo: o consumidor compra um carro, preenche o cupom e concorre a uma viagem a Paris. No cupom, o consumidor deve colocar também o nome do vendedor que o atendeu. Se o consumidor for sorteado, ele ganhará a viagem, e o vendedor que o atendeu, um carro.

7.2.5 Venda e sorte

Pode-se chamar assim o regulamento que atrela o fator sorte ao instrumento de premiação do vendedor, ou seja, a cada produto vendido o vendedor tem direito a uma raspadinha, que pode estar premiada ou não. Quanto mais vender, mais chances terá de ganhar. O mesmo pode ser feito com as mecânicas baseadas na combinação de outros mecanismos de premiação. É sempre importante destacar que, a partir dessas mecânicas simples, baseadas em metas de vendas ou mesmo produtos vendidos, podem-se elaborar novos regulamentos e formas de participação absolutamente criativos e inovadores

7.2.6 Bonificação em produtos

Tipo de incentivo oferecido ao distribuidor ou varejista para comprar maiores quantidades. O pagamento desse prêmio é um percentual adicional em produtos que serão comercializados. Tem como objetivo ocupar espaço da concorrência no PDV.

7.2.7 Concurso de exposições ou vitrines

Por tratar-se de *merchandising*, o julgamento é visual, ou seja, é muito comum que seja feito por meio de foto da vitrine ou exposição realizada como forma de incentivar o *merchandising* no PDV. É apresentado um regulamento com o tema e os produtos a serem trabalhados para exposição na loja durante um determinado período. Comumente, após a definição do resultado, elabora-se um boletim informativo com as fotos das exposições ou vitrines vencedoras. A premiação é variada, desde cartões com créditos para serem gastos até viagens e eletrodomésticos.

- *Estabelecer*: objetivo, estratégia tática ou mecânica e justificativa.
- *Descrever peças*: formatos, tamanhos, títulos e texto, conforme modelo utilizado para as peças da campanha.

É essencial que, antes da elaboração de um plano de incentivo, o público envolvido seja consultado e também se conheça o que os concorrentes do setor já fizeram e fazem atualmente. Só assim será possível elaborar algo que seja ao mesmo tempo atrativo e diferenciado, sem correr o risco de estar oferecendo pouco ou em demasia para obter os resultados pretendidos.

7.3 Projetos especiais ou patrocínios

São considerados projetos especiais aqueles desenvolvidos e implementados pela própria empresa ou por terceiros para esse fim contratados, tais como sua própria agência, que cuidará desde sua idealização até a realização efetiva do projeto.

Já os patrocínios são projetos desenvolvidos por terceiros que buscam empresas parceiras que contribuam para o projeto com investimento parcial (patrocínio por meio de cotas) ou integral (patrocinador exclusivo).

Esses projetos ou patrocínios são sempre uma forma de a empresa contribuir para que a sociedade brasileira como um todo tenha dias melhores, como também é um modo criativo e inteligente de associar a marca a causas justas e que serão valorizadas pelo público, *target*. Muitas empresas buscam patrocinar ou promover projetos que estejam diretamente ligados à atividade delas, que se relacionem ao produto ou serviço oferecido; entretanto, apesar de ser uma forma de obter uma associação mais fácil, nem sempre é essencial e pode, sim, trazer resultados positivos mesmo quando não há uma relação tão próxima ou direta.

7.3.1 Cultural

Quando se trata de cultura, há uma infinidade de projetos muito interessantes que poderiam ser implementados, tais como escolas de teatro na periferia, escolas de artes plásticas etc. Já o patrocínio está ligado, em geral, a grandes projetos que possibilitam uma maior exposição, mas normalmente compartilhada com outras marcas, como é o caso do patrocínio a peças de teatro profissional, cinema, exposições no Museu de Arte de São Paulo (Masp) etc.

7.3.2 Social

Também existe uma grande população carente de praticamente tudo. Para esse público, podem ser desenvolvidos projetos como as "lavanderias coletivas", implementadas pelas marcas Omo e Brastemp, e oferecidos cursos profissionalizantes etc. Já o patrocínio nessa área está ligado a campanhas realizadas por instituições beneficentes, tais como Associação de Assistência à Criança Deficiente (AACD), Criança Esperança do Fundo das Nações Unidas para a Infância (Unicef) etc.

7.3.3 Esportivo

Um projeto esportivo pode ser desenvolvido para retirar as crianças carentes da rua no período em que não estão na escola, por exemplo, oferecendo espaço, equipamento e instrutores. Já o patrocínio vem com a contribuição de uma importância mensal durante determinado período para patrocinar, por exemplo, um time de futebol.

7.3.4 Ambiental

Pode-se considerar um projeto ambiental o desenvolvido pela Petrobras, o Projeto Tamar, que cuida da preservação e procriação de tartarugas marinhas. Já o patrocínio pode ser feito em conjunto com outras empresas, tal como acontece com o Projeto Pomar, em que os trechos da Marginal dos rios Pinheiros e Tietê foram divididos entre empresas interessadas em plantar e cuidar daquele pomar durante determinado período e, com isso, podendo exibir uma placa na mesma marginal onde consta seu nome associado ao projeto.

É importante também destacar que um projeto ou mesmo patrocínio não precisa ser apenas cultural, social, esportivo etc. Ele pode conter elementos combinados com esporte, cultura e meio ambiente que, de forma conjunta, colaboram para a melhoria da qualidade de vida de determinada comunidade e, por consequência, beneficiam a imagem institucional do produto e da empresa.

Cabe destacar também que, no projeto especial exclusivo, a elaboração, variedade e distribuição do material de divulgação dele são livres e de responsabilidade de quem o promove; já o patrocínio tem, em geral, módulos e, de acordo com a cota de patrocínio adquirida, dará direito a determinado tipo e quantidade de material.

- *Estabelecer*: objetivo, estratégia, tática ou mecânica e justificativa.
- *Descrever peças*: formatos, tamanhos, títulos e texto, conforme modelo utilizado para as peças da campanha.

7.4 Eventos

Os eventos são peças importantes para causar uma boa impressão da marca, campanha, empresa ou produto e podem ser utilizados em diversas oportunidades, como lançamento de produtos e campanha, ou mesmo para fortalecer o relacionamento com revendedores. Esses eventos podem se apresentar em diversos tipos de formato e para diversificado público, de acordo com os objetivos preestabelecidos. Eis alguns exemplos de eventos: feiras, exposições, *workshops*, convenções, treinamentos *shows*, apresentações etc.

É importante também destacar que quando se planeja um evento é necessário fazer a programação dele com o prazo de duração de cada uma das etapas. Além disso, devem-se determinar o número de participantes, as pessoas envolvidas, o material promocional necessário, a divulgação, os convites, o uniforme, o *buffet* etc.

- *Estabelecer*: objetivo, estratégia, tática ou mecânica e justificativa.
- *Ações programadas*: apresentar planilha explicitando datas, locais e prazos.

- *Descrever peças*: formatos, tamanhos, títulos e texto, conforme modelo utilizado para as peças da campanha.

7.5 Merchandising no PDV

Trata-se de uma ação que deve ser permanente, de forma que favoreça a visibilidade do produto no PDV. É necessário, contudo, que se saiba diferenciar promoção de vendas e *merchandising*. A promoção de vendas normalmente está ligada a algum tipo de mecânica ou regulamento, ou seja, existe uma interatividade entre o consumidor e a empresa que está promovendo aa ação. No caso do *merchandising*, isso não ocorre. A forma de abordagem do *merchandising* no PDV é apenas visual, e uma das principais formas de exploração dessa visibilidade do produto está no modo como ele é exposto no PDV, ou seja, como ele é empilhado, a disposição das embalagens, a localização e o número de frentes que se coloca do produto, de modo que ele se torne, por si só, atraente aos olhos do consumidor.

- *Estabelecer*: objetivo, estratégia, tática ou mecânica e justificativa.
- *Ações programadas*: apresentar planilha explicitando datas, locais e prazos.
- *Descrever peças*: formatos, tamanhos, títulos e texto, conforme modelo utilizado para as peças da campanha.

Recomenda-se a elaboração de um manual.

Ações programadas

Apresentar planilha exemplificando datas, locais, prazos e cronograma de degustação. Esse modelo pode ser utilizado para exemplificar outras ações programadas, sejam elas eventos, campanhas de incentivo, patrocínios etc.

7.6 Degustação/demonstração/*blitz*/*sampling*

- *Degustação*: trata-se de uma ação realizada normalmente com apoio de uma promotora, com o propósito de oferecer uma pequena amostra de produto para que o *target* possa experimentá-lo. Em geral, faz-se esse tipo de ação no próprio PDV, em que o produto é comercializado, como maionese em supermercados.

- *Demonstração*: similar à degustação, porém voltada para bens duráveis ou serviços. Nas demonstrações, evidenciam-se os benefícios desconhecidos pelo *target*.
- *Blitz*: em geral, realizada por equipe de promotores contratados para esse fim. Pode ser realizada em locais estratégicos onde haja grande concentração de pessoas que fazem parte do *target* que se pretende atingir. Em uma *blitz*, distribui-se material promocional informativo e oferece-se eventualmente algum tipo de amostra.
- *Sampling*: ação semelhante à *blitz*, com o objetivo exclusivo do oferecer amostras grátis de produto ao *target*, em embalagem fechada. Exemplo: distribuição de sachês de protetor solar na praia.

Tabela 2 Cronograma de degustação

MODELO DE CRONOGRAMA DE DEGUSTAÇÃO/ DEMONSTRAÇÃO

Cliente: **Casa do Pão Quente***
Praça: **Grande São Paulo**

LOGO
DA AGÊNCIA

PROMOTORA	REGIÃO	Janeiro				Fevereiro				Março			
		Semana 1	Semana 2	Semana 3	Semana 4	Semana 1	Semana 2	Semana 3	Semana 4	Semana 1	Semana 2	Semana 3	Semana 4
Promotora 1	ZN	Pão de Açúcar Nv. Cantareira	Carrefour C. Norte	Extra Tucuruvi	Carrefour Vila Maria	Bergamini Jaçanã	Sonda Vl. Guilherme	Pão de Açúcar Santana	Carrefour Limão	Pão de Açúcar Casa Verde	Extra Dutra	Carrefour Guarulhos	Walmart Guarulhos
Promotora 2	ZL	Carrefour Andia Franco	Carrefour Aricanduva	Extra Aricanduva	Walmart Aricanduva	Makro Aricanduva	Extra Tietê	Extra São Miguel	Carrefour Pêssego	Extra Guaianazes	Extra Sh. Itaquera	D'Avó São Miguel	D'Avó Oratório
Promotora 3	ZL	Walmart Central Plaza	Extra Mooca	Carrefour Tatuapé	Pão de Açúcar Alto da Mooca	Pão de Açúcar Tatuapé	Extra Penha	Extra São Matheus	Sonda Vila Carrão	Sonda Pq. Mooca	Roldão Mooca	D'Avó Itaim Paulista	Hirota Mooca
Promotora 4	ZO	Pão de Açúcar Panamericana	Walmart Pacaembú	Extra Jaguaré	Pão de Açúcar Vila Lobos	Pão de Açúcar Granja Viana	Walmart Granja Viana	Pão de Açúcar Alphaville	Extra Cotia	Walmart Osasco	Walmart Tamboré	Carrefour Tamboré	Extra Anhanguera
Promotora 5	ZO	Carrefour Butantã	Extra Shop. União	Carrefour Osasco	Extra Carapicuíba	Extra Taboão	Carrefour Raposo	Extra Raposo	Carrefour Sh. Eldorado	Makro Butantã	Roldão Osasco	Atacadão Granja Viana	Pão de Açúcar T. Sampaio
Promotora 6	ZS	Extra Itaim	Walmart Saúde	Pão de Açúcar Brooklin	Carrefour Interlagos	Pão de Açúcar J. Floriano	Pão de Açúcar Maracatins	Pão de Açúcar Ibirapuera	Pão de Açúcar Moema	Extra Aeroporto	Pão de Açúcar Oscar Freire	Pão de Açúcar Jd. Paulista	Extra Guarapiranga
Promotora 7	ZS	Carrefour Morumbi	Carrefour Pinheiros	Pão de Açúcar Jabaquara	Carrefour G. Gronchi	Extra Morumbi	Carrefour Cambuci	Extra Ipiranga	Roldão Ipiranga	Extra R. Jafet	Pão de Açúcar João de Luca	Walmart Interlagos	Carrefour Tancredo
Promotora 8	ZS	Hirota Campo Belo	Mambo Campo Belo	Extra Interlagos	Extra Cid. Adhemar	Cid. Dutra	Sonda Cid. Dutra	Hirota Cursino	Hirota Nazaré	Carrefour Jabaquara	Extra João Dias	Carrefour Anchieta	Carrefour Imigrantes
Promotora 9	CEN	Extra Brigadeiro	Pão de Açúcar Higienópolis	Futurama Angélica	Pão de Açúcar Angélica	Pastorinho D. Moraes	Futurama Gal. Jardim	Pão de Açúcar R. Maranhão	Futurama Pedroso	Master Sh. F.Caneca	Pão de Açúcar Al. Santos	Carrefour Pamplona	Pão de Açúcar Maria Antônia
Promotora 10	ABC	Extra S. Caetano	Carrefour S. Caetano	Walmart Sto.André	Carrefour Oratório	Carrefour P. Américo	Extra Perimetral	Coop Industrial	Coop S.Bernardo	Walmart S.Bernardo	Carrefour Vergueiro	Extra Anchieta	Carrefour Diadema

ZN= zona norte   ZL = zona leste   ZO = zona oeste   ZS = zona sul   CEN = região central   ABC = Grande ABC

HORÁRIO DE TRABALHO:
De terça a sábado, das 13h às 22h

Data: ____/____/____   Autorização do cliente

Esse é um modelo de cronograma geral de ações programadas, cujo conteúdo é meramente ilustrativo.

Tabela 3 Modelo de cronograma geral de ações programadas

MODELO DE CRONOGRAMA GERAL DE AÇÕES PROGRAMADAS

Cliente: **Aromas do Cerrado***
Produto: **Cosméticos**

Ano: **2016**

LOGO DA AGÊNCIA

Ação	Tema	Jan.	Fev.	Mar.	Abr.	Mai.	Jun.	Jul.	Ago.	Set.	Out.	Nov.	Dez.
Blitz de Carnaval	Colorindo sua beleza		■										
Campanha de incentivo	Motivação, sedução e resultados	■										■	■
Convenção Nacional de Vendas	Inovando para crescer												
Evento social	Hospital do Câncer									■	■		
Feira Beauty Fair	Beauty Fair												
Flash Mob	O cerrado vem até você	■											
Pais que se cuidam	Pais que se cuidam								■				
Merchandising Pais													
Merchandising Páscoa	Tons de chocolate				■								
Patrocínio cultural (teatro)	Peça: Vaidade não tem idade							■	■				
Patrocínio esportivo	Corrida pela beleza							■					
Programa de fidelidade	Mais amigos	■	■	■	■	■	■	■	■	■	■	■	■
Projeto ambiental	Projeto Pomar Urbano						■						
Projeto social	Formando maquiadoras												
Promoção Dia das Mães	Toda beleza de mãe					■							
Promoção Dia dos Namorados	A beleza do amor						■						
Promoção Natal	Magia para a vida												■

Este é um modelo de cronograma geral de ações programadas. Seu conteúdo é meramente ilustrativo.

Fonte: Elaborada pelo autor.

Plano de mídia

Chamamos de plano de mídia o estudo prévio que baliza o plano de investimentos em veiculação e suas estratégias por um determinado período, incluindo os meios, os veículos e se a programação será contínua ou em períodos bem específicos, denominados *flights*.

8.1 Briefing de mídia

O *briefing* de mídia consiste na junção das informações do *briefing* original (resumido) mais o plano de comunicação e os resultados das pesquisas realizadas, com o objetivo de facilitar a vida do profissional da área. Assim, o planejador em parceria com o orientador terá dados mais apurados e, com base neles, definirá a estratégia que será usada para mídia.

O *briefing* de mídia deverá conter as seguintes informações:

- Produto/serviço;
- Público-alvo (demográfico e psicográfico);
- Mercado;
- Concorrência;
- Histórico da comunicação (do produto e da concorrência);
- Objetivos (mercado/comunicação);

- Verba;
- Estratégias de *marketing* e de comunicação.

Como o plano de mídia exige um estudo mais aprofundado, serão apresentados, neste capítulo, apenas exemplos fictícios para elucidar possíveis dúvidas sobre o tema. Contudo, deve-se ressaltar a importância das orientações do professor da área, além do uso de bibliografia específica.

8.2 Objetivos de mídia

Levar ao conhecimento do público as vantagens sobre a linha de produtos, transmitindo de forma adequada a linha criativa de nossa campanha por meio de um *mix* de instrumentos adequados.

8.2.1 Alcance

Refere-se às áreas ou regiões que estarão suscetíveis ao recebimento da mensagem, ou seja, o total de domicílios ou pessoas atingidos pela campanha.

Exemplo: o objetivo é cobrir 90% dos mercados de atuação.

8.2.2 Frequência

Entende-se por frequência o número médio de vezes em que os domicílios ou as pessoas são expostos à mensagem. A alta frequência leva o *target* a memorizar o produto anunciado na campanha. Já a média frequência tem como função manter a memorização na mente do *target* em um segundo momento da campanha, já que não é possível, até por uma questão de custos, manter altos investimentos o tempo todo. E baixa frequência é mais recomendada para períodos de pouca procura pelo uso ou consumo do produto por fatores naturais, como clima, tendo como função apenas fazer a manutenção da imagem da marca.

Exemplo: a campanha será de alta frequência no lançamento (janeiro e fevereiro de 2005) e com sustentação de média frequência nos meses seguintes.

8.2.3 Continuidade

É a determinação dos períodos de veiculação da campanha. Trata-se, portanto, da forma como será feita a programação de mídia durante o período da campanha.

Existem, assim, três tipos básicos de continuidade:

- *Linear* (mínimo de oito *flights*)
  - Produto de consumo e ciclo de compra contínuo
  - Lançamento do produto
  - Baixa fidelidade
  - Concorrência agressiva
  - Produto comum

- *Ondas* (de quatro a sete *flights*)
  - Produtos com baixa frequência de compra mas com alta utilização
  - Incremento de vendas em datas especiais
  - Alta fidelidade por parte do *target*
  - Produto incomum (diferencial/exclusivo)

- *Concentrada* (máximo de três *flights*)
  - Produto sazonal
  - Promoção
  - Oferta por tempo limitado
  - Campanha de impacto

Exemplo: terá duração de 12 meses, portanto será *linear*. Nos dois primeiros meses, as médias serão exploradas com grande número de inserções. Na segunda etapa, as médias utilizadas terão o papel de sustentação.

8.3 Estratégia de mídia

Na fase de lançamento da campanha, vamos buscar alta cobertura com alta frequência procurando levar ao conhecimento do público as vantagens da linha de produtos.

Já na fase de sustentação, trabalharemos com média cobertura e frequência, a fim de dar continuidade ao trabalho desenvolvido na fase de lançamento, não deixando o nome do produto ser esquecido pelo público, mantendo assim o *recall* da marca.

Exemplo: cobrir toda a área geográfica determinada: regiões metropolitanas de São Paulo, Rio de Janeiro e Curitiba.

8.3.1 Meios utilizados

Os meios utilizados são:

- TV (aberta/fechada);
- Rádio;
- Revista;
- Internet;
- *Outdoor*.

8.3.2 Justificativa dos meios selecionados

Utilizar, sempre após a justificativa, gráficos sobre os hábitos do *target* referentes ao veículo, extraídos do *Mídia Dados*, consolidado (Marplan – TGI – Ibope). Nesses gráficos, deverão constar sexo, classe social, faixa etária, hábitos de lazer, assuntos de interesse e exposição aos meios, para exemplificar sua justificativa.

Verifique a justificativa dos meios feita na criação. Na criação, a justificativa está ligada às possibilidades e à liberdade criativa que o meio permite, e no caso da mídia, a justificativa está ligada à forma eficaz que a mensagem possa chegar até o *target*.

- *TV aberta*: é um meio de comunicação que tem o poder de atingir um número muito grande de pessoas, possibilitando uma ótima *performance* em praticamente todos os segmentos do consumo. Hoje existem no país mais de 300 emissoras de TV, que garantem o alcance de mais de 99% do território nacional. O uso dessa ferramenta proporcionará à campanha um grande apelo visual e sonoro, causando fascínio, dinamismo e o impacto desejado, além de adequação geográfica regional em conformidade com o horário de sua veiculação.
- *TV fechada (ou por assinatura)*: além de ter vantagens semelhantes à TV aberta, é um meio de comunicação que está em evolução e atinge diferentes perfis de público, de acordo com a programação e os horários selecionados. Contudo, seu ponto forte é a qualificação desse público que possui poder aquisitivo elevado e é predominantemente jovem e urbano. As TVs a cabo têm 60% do mercado das TVs por assinaturas.
- *Rádio*: é o meio de comunicação que mais atinge a população brasileira, estando presente em mais de 87% dos lares. Além disso, tem grandes vantagens, como baixo custo de produção e veiculação, sendo uma ótima opção

como mídia dirigida. Atinge uma média de 94% do público-alvo, transmitindo informações de forma rápida, com impacto sonoro, o que possibilita um retorno imediato da mensagem.

- *Revista*: permite melhor reprodução, aparência e vida prolongada, ou seja, a mensagem pode ser transmitida a mais de quatro leitores em média (dependendo do título), por exemplo. Uma de suas principais características é a seletividade do público consumidor, o que possibilita uma segmentação capaz de atingir a maior parte do nosso *target*. Possui grande apelo visual e permite ao consumidor que tenha mais tempo para ler, refletir a analisar, algum nível adicional de informação que nem sempre são possíveis de se transmitir em outras mídias.

- *Outdoor*: por tratar-se de uma mídia de grande impacto visual, serve para diversas finalidades. Assim, o *outdoor* atua de forma eficaz na exibição de qualquer tipo de anúncio, seja ele lançamento, fixação ou sustentação. Destina-se às coberturas regional, local e nacional, além de possibilitar que a mensagem seja transmitida 24 horas por dia, durante duas semanas. Por ser considerada uma mídia compulsória, podem-se obter ótimas respostas ao anúncio.

- *Internet*: é um tipo de mídia que consegue otimizar as campanhas em tempo real. A troca de material é simples e rápida. Proporciona uma garantia de audiência durante a navegação do internauta e estimula a memorização da marca. Atualmente, o Brasil possui cerca de 203 milhões de habitantes, dos quais 24% pertencem às classes A e B. Hoje, a internet tem penetração de 27,4% nesse público, o que representa mais de 11 milhões de pessoas altamente qualificadas.

8.3.3 Meios não recomendados

Verifique, no regulamento de sua faculdade, se há necessidade de produzir as peças e justificar os meios não utilizados. Se houver, é necessário que você tenha claro o motivo da não utilização do meio. Use seus próprios argumentos com base em dados concretos (*Mídia Dados*). A seguir, apresentamos dois exemplos de argumentos sobre meios não recomendados:

- *Jornal*: não permite boa cobertura nos segmentos de mercado-alvo, além de não ter boa qualidade de impressão e impossibilitar a demonstração da ação de uso do produto.
- *Cinema*: tem baixa penetração no *target*.

8.4 Táticas de mídia

Meio TV

O meio TV será utilizado prioritariamente em horário noturno, pois este possui maior adequação e qualificação para impactar o target.

Como complemento do gênero, teremos minisséries, filmes, *shows* e variedades, que possuem grande penetração no *target* e alto índice de qualificação. Por isso, a maior concentração de GRPs (*gross rating points* – pontos de audiência bruta) será no horário noturno, embora uma pequena parcela seja distribuída em programas vespertinos e matutinos, procurando dar maior cobertura por meio da diversificação dos horários de ação.

Exemplo: Emissoras A, B e C.

A Tabela 6 apresenta a programação de mídia. Trata-se de uma tabela meramente ilustrativa.

Para elaborar a tabela de programação de TV fechada, utilize o mesmo modelo usado para TV aberta, entretanto alguns dados não são disponíveis, como índice de audiência, *target audience rating points* (Tarp ou soma das audiências no público-alvo), GRP etc. Nesse caso, verificar os dados disponíveis sobre elas e substituí-los de forma a ficar clara a rentabilidade do investimento e de acordo com o parecer do seu orientador.

A seguir, apresentam-se os principais formatos de *merchandising* em TV.

- *Ação integrada*: texto-base + focalização do produto + possível situação de consumo, inserindo o produto/serviço no contexto do programa.
- *Comercial chamado*: refere-se à primeira posição do intervalo. Texto-base chamando para o comercial + um comercial que será exibido na primeira posição do *break*.
- *Ação integrada com comercial chamado*: trata-se de uma ação por programa. Texto-base + focalização do produto + texto-base chamando para o comercial + comercial de 30" que será exibido dentro do programa. O logotipo do programa será inserido no canto do vídeo, durante a exibição do comercial.
- *Estilo visual*: focalização de marca/produto integrada ao cenário do programa.
- *Testemunhal exclusivo*: texto-base + focalização do produto, em que o apresentador avalia o produto/serviço. É obrigatória a utilização de um número

mínimo de ações a ser estabelecido de acordo com a negociação com o departamento comercial da emissora.

- *Merchandoor*: imagens de cartazes são inseridas, colocadas ou digitalizadas em *outdoors* que aparecem no cenário da novela.

Para a veiculação de *merchandising* do tipo "venda direta", ou seja, aquele que não é contextualizado no conteúdo do programa, as emissoras disponibilizam tabelas que normalmente são proporcionais ao tempo de duração dessas chamadas. Ou seja, para uma chamada de dois minutos, o custo é equivalente a quatro inserções de 30 segundos, dependendo do apresentador ou *merchandete*. Os valores são sempre negociados.

Já para as aparições *contextualizadas ou híbridas*, os valores são negociados, dependendo do tempo de visualização da marca e do ator que contracenará com o produto. Para isso, é necessário que o autor da novela, filme ou seriado escreva um texto de uma cena para o ator preestabelecido, na qual o produto aparecerá ou será mencionado. Nesse caso, não há necessidade de diversas repetições.

> **IMPORTANTE:** Para *merchandising* em TV, adote como modelo o mesmo formulário utilizado para a veiculação em TV aberta.

- *Justificativa das emissoras*: apresentar gráfico com base no *Mídia Dados*, em que seja apresentada a participação percentual na audiência das emissoras.
- *Justificativa da programação selecionada*: fazer por emissora, conforme exemplo apresentado a seguir:

Emissora A

Manhã em SP*

"Telejornal que vai ao ar de segunda a sexta-feira, às 6h30; é assistido por quase meio milhão de pessoas só na Grande São Paulo. Apresenta notícias que têm relevância para o público de São Paulo. A maior concentração de público atingido pelo *Manhã em SP** se situa na camada da população com maior poder de consumo."

Tabela 1 Modelo de relatório de veiculação em TV 1 – aberta/regional

MODELO DE RELATÓRIO DE VEICULAÇÃO EM TV – ABERTA/ REGIONAL

Cliente: **Empresa XYZ Produtos Alimentícios***
Produto: **Isotônico Sports***
Praça: **Salvador/BA**

Target 1: Ambos ABC 25+
Target 2: Ambos ABC 25/35
Universo lar: 493.000

LOGO DA AGÊNCIA

Rede	Programa	Horário	Lar	Audiência Target 1	Target 2	Qualif.	1 s	2 t	3 q	4 q	5 s	6 s	7 d	8 s	9 t	10 q	11 q	12 s	13 s	14 d	15 s	16 t	17 q	18 q	19 s	20 s	21 d	22 s	23 t	24 q	25 q	26 s	27 s	28 d	29 s	30 t	31 q	Ins.	Custo unitário Tab.1	Tab.2	Negociação %	Total	GRP	Volume Torp.1	Torp.2
Emissora A	A Repórter*	22h20	47,7	29,6	30,9	31,4					1																											1	1150,00		5	1092,50	47,7	29,6	30,9
	Novela II	19h15	59,8	30,5	31,4	24,6		1																					1									2	1363,00		5	2589,70	119,6	61,0	62,8
	Tomara que ganhe*	23h20	31	19,4	21,2	30,4							1							1												1						3	820,00		5	2337,00	93,0	58,2	63,6
	Pé na jaca*	22h20	54,2	32,2	33,2	29,9									1							1											1					3	1130,00		5	3220,00	162,6	96,6	99,6
	Sessão de Filmes*	15h00	34,8	15,2	16,6	26,4			1								1														1							3	440,00		5	1254,00	104,4	45,6	49,8
	Da TV show*	14h00	28,8	13,7	14,4	27,5						1									1																	2	419,00		5	796,10	57,6	27,4	28,8
	Futebol	22h00	52,5	32,7	34,7	31,7			1														1															2	1130,00		5	2147,00	105,6	65,4	69,4
	SUBTOTAL																																					16			5	13436,30	690,5	383,8	404,9
Emissora B	Dia de Hoje*	8h30	5,7	2,7	1,3	39,1	1			1		1			1			1		1																		6	75,00		40	270,00	34,2	16,2	7,8
	Prorrogação*	17h50	1,7	1,4	0,9	47,5								1																								1	320,00		40	192,00	1,7	1,4	0,9
	Madrugada de Cinema*	0h45	1,7	2	1,3	69,4								1					1					1														3	75,00		40	135,00	5,1	6,0	3,9
	SUBTOTAL																																					10			40	597,00	41,0	23,6	12,6
Emissora C	Adriana*	15h00	31,2	12,1	9,4	20,4			1																1							1							3	720,00		20	1728,00	93,6	36,3	28,2
	SUBTOTAL																																					3			20	1728,00	93,6	36,3	28,2
	TOTAL						1	2	2	1	1	2	1	3	2	1	1	1	1	2	1	1	1	1	2	2	2	1	1	1	2						**29**				**15761,30**	**825,1**	**443,7**	**445,7**

Essa tabela apresenta apenas um modelo de programação regional. Quando a programação envolver outras praças, elaborar uma tabela para cada uma e fazer a totalização no final.

Universo lar = número de pessoas atingidas pela mensagem.

Os números aqui apresentados são fictícios e meramente ilustrativos.

Data: ___/___/___

Autorização do cliente

Fonte: Elaborada pelo autor.

Tabela 2 Modelo de relatório de veiculação em TV fechada

MODELO DE RELATÓRIO DE VEICULAÇÃO EM TV FECHADA

Cliente: **World Tecnology***
Produto: **Câmeras Digitais Ônix***
Praça: **Nacional**

Target 1: Ambos AB 18|25

LOGO DA AGÊNCIA

Canal	Programação	Praça	Semana	Horário	\<MARÇO\>																													Nº Ins.	Custo unitário	Custo total
					1 s	2 t	3 q	4 q	5 s	6 s	7 d	8 s	9 t	10 q	11 q	12 s	13 s	14 d	15 s	16 t	17 q	18 q	19 s	20 s	21 d	22 s	23 t	24 q	25 q	26 s	27 s	28 d	29 s	30 t	31 q			
Geografia Internacional*	Rotativo	Nacional	De segunda a sexta-feira	Das 18h às 2h	2	2	2	2	2			2	2	2	2	2			2	2	2	2	2			2	2	2	2	2			2	2	2	40	R$ 1.950,00	R$ 78.000,00
Muitos Shows*	Rotativo	Nacional	De segunda a sexta-feira	Das 18h às 0h15	2	2	2	2	2			2	2	2	2	2			2	2	2	2	2			2	2	2	2	2			2	2	2	40	R$ 1.912,50	R$ 76.500,00
Tele filmes*	Rotativo	Nacional	De segunda a sexta-feira	Das 18h às 1h			3	2						2	2	2					2	2					2	2	2							17	R$ 6.750,00	R$ 269.250,00
SUBTOTAL																																			97		

Desconto estimado: 25%

Os números aqui apresentados são fictícios e meramente ilustrativos.

Data: ___/___/___

Autorização do cliente

Fonte: Elaborada pelo autor.

Apresentar na sequência planilha com a qualificação do público da programação, conforme descrito a seguir:

Manhã em SP*

	H18+	M18+	AB	C	DE	4.11	12.17	18.24	25.49	50+
População	34%	40%	34%	42%	24%	15%	11%	15%	41%	19%
Manhã em SP*	43%	47%	38%	36%	27%	4%	7%	9%	50%	30%

Fonte: Elaborada pelo autor com dados fictícios meramente ilustrativos.

Meio rádio

Justificar a programação utilizada por meio de um gráfico, no qual se verifique o percentual de participação de cada uma das rádios da região em relação ao *target*, tendo como fonte o *Mídia Dados*.

* *Justificativa da programação selecionada*: fazer por emissora, conforme os exemplos apresentados a seguir:

Rádio Brasil Jovem FM*

Com uma programação de música 100% brasileira, a Brasil Jovem FM* retém em sua audiência 86% de pessoas ativas economicamente, das quais 68% são das classes A e B.

Do total de ouvintes da rádio, 51% são do sexo feminino e 49% do sexo masculino, e, em números absolutos, entre 6 e 19 horas, são 78.831 pessoas.

Rádio Mega FM*

A Rádio Mega FM* possui um público altamente qualificado, e 66% dos ouvintes, das 6 às 19 horas, são das classes A e B, e 39% têm idades entre 20 e 35 anos.

Dos ouvintes da Rádio Mega FM*, 33 mil são da classe A, 34 mil possuem grau de escolaridade superior completo e o número de ouvintes por minuto é de 17.802.

Veja a seguir exemplo de tabela de programação de mídia/Rádio.

Tabela 3 Modelo de relatório de veiculação em rádio

MODELO DE RELATÓRIO DE VEICULAÇÃO EM RÁDIO

Cliente: **Indústrias Mais Prod. Alimentícios***
Produto: **Café Forte da Casa***
Período: **Jan.-Mar./2016**
Praça: **São Paulo**

LOGO DA AGÊNCIA

jan/16

Emissora	Horário	1ª semana							2ª semana							3ª semana							4ª semana							Audiência	Inser.	Custo unitário	Custo total	CPP
		d	s	t	q	q	s	s	d	s	t	q	q	s	s	d	s	t	q	q	s	s	d	s	t	q	q	s	s					
Brasil Jovem FM*	12h-13h		3	3	3	3	3	3		3	3	3	3	3	3		3	3	3	3	3	3		3	3	3	3	3	3	0,19	60	457,00	27420,00	2405,26
Mega FM*	6h-9h30		6	6	6	6	6	6		6	6	6	6	6	6		6	6	6	6	6	6		6	6	6	6	6	6	0,42	120	1336,00	160320,00	3180,95
Inovação FM*	6h-20h		8	8	8	8	8	8		8	8	8	8	8	8		8	8	8	8	8	8		8	8	8	8	8	8	0,53	160	758,00	121280,00	1287,16
																															Total de inserções	**340**	**Total:**	**309020,00**	

fev/16

Emissora	Horário	1ª semana							2ª semana							3ª semana							4ª semana							Audiência	Inser.	Custo unitário	Custo total	CPP
		d	s	t	q	q	s	s	d	s	t	q	q	s	s	d	s	t	q	q	s	s	d	s	t	q	q	s	s					
Brasil Jovem FM*	12h-13h		3	3	3	3	3	3		3	3	3	3	3	3		3	3	3	3	3	3		3	3	3	3	3	3	0,19	60	457,00	27420,00	2405,26
Mega FM*	6h-9h30		6	6	6	6	6	6		6	6	6	6	6	6		6	6	6	6	6	6		6	6	6	6	6	6	0,42	120	1336,00	160320,00	3180,95
Inovação FM*	6h-20h		8	8	8	8	8	8		8	8	8	8	8	8		8	8	8	8	8	8		8	8	8	8	8	8	0,53	160	758,00	121280,00	1287,16
																															Total de inserções	**340**	**Total:**	**309020,00**	

mar/16

Emissora	Horário	1ª semana							2ª semana							3ª semana							4ª semana							Audiência	Inser.	Custo unitário	Custo total	CPP
		d	s	t	q	q	s	s	d	s	t	q	q	s	s	d	s	t	q	q	s	s	d	s	t	q	q	s	s					
Brasil Jovem FM*	12h-13h		3	3	3	3	3	3		3	3	3	3	3	3		3	3	3	3	3	3		3	3	3	3	3	3	0,19	60	457,00	27420,00	2405,26
Mega FM*	6h-9h30		6	6	6	6	6	6		6	6	6	6	6	6		6	6	6	6	6	6		6	6	6	6	6	6	0,42	120	1336,00	160320,00	3180,95
Inovação FM*	6h-20h		8	8	8	8	8	8		8	8	8	8	8	8		8	8	8	8	8	8		8	8	8	8	8	8	0,53	160	758,00	121280,00	1287,16
																															Total de inserções	**340**	**Total:**	**309020,00**	

Total de inserções programadas	**1.020**	**Investimento total em rádio**	**R$ 927.060,00**

Data: ___/___/___   Autorização do cliente _____

Os números aqui apresentados são fictícios e meramente ilustrativos.

Fonte: Elaborada pelo autor.

Tabela 4 Modelo de relatório de veiculação em cinema

MODELO DE RELATÓRIO DE VEICULAÇÃO EM CINEMA

Cliente: **Clean Vision da Amazônia***
Produto: **TV Clean Vision***
Praça: **São Paulo**

Target 1: Ambos AB 1825

LOGO DA AGÊNCIA

EMPRESA Cinemark	Salas	Formato	Semana	Janeiro				Fevereiro				Março				Abril				Nº Cine Semana	Custo unitário	Custo total
				1	2	3	4	1	2	3	4	1	2	3	4	1	2	3	4			
Shopping da Baixada*	9	30"				1	1	1	1								1	1			6	R$ 2.336,00	R$ 14.016,00
Shopping Brasil Sul*	10	30"						1	1	1	1					1	1			6	R$ 2.032,00	R$ 12.192,00
Shopping Panamby*	9	30"										1	1	1	1	1	1			6	R$ 2.032,00	R$ 12.192,00
																		TOTAL		18		R$ 38.400,00

Desconto estimado: 20%

Data: ___/___/___   Autorização do cliente

Os números aqui apresentados são fictícios e meramente ilustrativos.

Fonte: Elaborada pelo autor.

Meio revista

Exemplo: para seleção dos títulos buscamos aqueles que possuíssem maior grau de afinidade e penetração no *target* do nosso produto, ou seja, leitoras do sexo feminino, das classes A e B, preocupadas com qualidade de vida e bem-estar. Justificar a seleção de títulos por meio de um gráfico, no qual se verifique o percentual de participação de cada uma das revistas perante o *target*, tendo como fonte institutos de pesquisa especializados, como *Mídia Dados*, estudos Marplan e Instituto Verificador de Comunicação (IVC).

- *Justificativa da programação selecionada*: fazer por título de revista, conforme o exemplo apresentado a seguir:

Sempre em forma*

A grande maioria dos leitores dessa revista é do sexo feminino. Trata-se de pessoas que se preocupam com estética e ginástica e fazem questão de utilizar sempre os melhores produtos e serviços do mercado. São mulheres que prezam a qualidade de vida e o bem-estar do corpo, além de possuírem alto poder aquisitivo.

Essa revista tem uma tiragem de 291.400 exemplares e uma circulação líquida de 210.020 exemplares.

IDADE	SEXO		CLASSE SOCIAL		
20-39 anos	H	M	A	B	C
55%	22%	78%	22%	44%	25%

Fonte: Elaborada pelo autor com dados fictícios.

Tabela 5 Modelo de relatório de veiculação em revista

MODELO DE RELATÓRIO DE VEICULAÇÃO EM REVISTA

Cliente: **Grupo Empresarial Forte***
Produto: **Chá Verde do Campo***
Período: **2016**

LOGO DA AGÊNCIA

Título	Editora	Pág.	Periodicidade	MESES																						
				Janeiro				Fevereiro				Março				Abril				Maio				Junho			
				1	2	3	4	1	2	3	4	1	2	3	4	1	2	3	4	1	2	3	4	1	2	3	4
Sempre em forma*	Maio	Simples	Mensal		■	■			■	■			■	■			■	■			■	■			■	■	
Linda D+*	Maio	Simples	Mensal																								

Título	Editora	Pág.	Periodicidade	MESES																						
				Julho				Agosto				Setembro				Outubro				Novembro				Dezembro			
				1	2	3	4	1	2	3	4	1	2	3	4	1	2	3	4	1	2	3	4	1	2	3	4
Sempre em forma*	Maio	Simples	Mensal						■	■																	
Linda D+	Maio	Simples	Mensal						■	■																	

		CIRCULAÇÃO		CUSTO		
Título	Total de inserções	Tiragem	Por capa	Total de leitores	Unitário	CPM	Total
Sempre em forma*	6	291.400	210.020	840.080	R$ 35.600,00	R$ 254,26	R$ 213.600,00
Linda D+*	6	362.197	264.891	529.782	R$ 50.100,00	R$ 567,40	R$ 300.600,00

Investimento total: **R$ 514.200,00**

Data: ___/___/___

Autorização do cliente

Os números aqui apresentados são fictícios e meramente ilustrativos.

Fonte: Elaborada pelo autor.

Meio jornal

Exemplo: para seleção dos títulos, procuramos aqueles com maior grau de afinidade e penetração no *target* do produto, ou seja, leitores de ambos os sexos, das classes A e B, na faixa etária entre 18 e 25, anos preocupados com qualidade de vida e bem-estar e que gostem de esportes radicais e tenham um estilo de vida urbano

Quando se justifica a seleção de títulos, é importante fazer utilizar um gráfico no qual se verifique o percentual de participação dos jornais indicados ao *target*, tendo como fonte institutos de pesquisa especializados, como *Mídia Dados*, estudos Marplan e IVC.

- *Justificativa da programação selecionada*: fazer por título de jornal, conforme o exemplo apresentado a seguir:

Jornal Publi News*

A grande maioria dos leitores desse jornal são jovens de ambos os sexos que têm um estilo de vida urbano e bastante agitado entre casa, trabalho e estudo, mas não abrem mão do lazer. Preocupam-se com estética e ginástica e fazem normalmente seus deslocamentos de carro ou metrô. Compram produtos com marcas de prestígio e possuem poder aquisitivo entre médio e médio alto.

Esse jornal possui uma tiragem de 150 mil exemplares.

Tabela 6 Modelo de relatório de veiculação em jornal

MODELO DE RELATÓRIO DE VEICULAÇÃO EM JORNAL

Cliente: **Calçados Ciclope***

Produto: **Ciclope Montain***

Target 1: Ambos AB 18-25

LOGO DA AGÊNCIA

Título	Praça	Formato	Colocação	Circulação
Publi News*	São Paulo	Pág. inteira	Indeterminada	150.000

MARÇO

	1	2	3	4	5	6	7	8	9	10	11	12	13	14	15	16	17	18	19	20	21	22	23	24	25	26	27	28	29	30	31	Nº Ins.
	s	t	q	q	s	s	d	s	t	q	q	s	s	d	s	t	q	q	s	s	d	s	t	q	q	s	s	d	s	t	q	
	1							1							1							1										4

Custo unitário	Custo total	CPM
R$ 27.720,00	R$ 110.880,00	R$ 184,80
Total	R$ 110.880,00	R$ 184,80

Data: ___/___/___   Autorização do cliente

Desconto estimado: 30%

Os números aqui apresentados são fictícios e meramente ilustrativos.

Fonte: Elaborada pelo autor.

Meio *outdoor*

Devido ao grande impacto visual, o *outdoor* atua como uma forma eficaz na exibição de qualquer tipo de anúncio, seja ele um lançamento, uma fixação ou sustentação.

> **IMPORTANTE:** Atualmente, existem leis implantadas em diversos municípios que restringem ou proíbem esse tipo de mídia. Por isso, recomenda-se verificar se a lei municipal vigente na região onde se pretende veicular não faz qualquer restrição a essa ou qualquer outra mídia exterior.

- *Justificativa dos roteiros programados*: fazer por roteiro, conforme os exemplos apresentados a seguir:

    1) *Roteiro nobre*: tem um conjunto de placas localizadas em vias de maior fluxo de veículos na cidade. Proporciona a cobertura nas regiões mais movimentadas e qualificadas da cidade.

    2) *Roteiro real*: como o roteiro nobre, tem um conjunto de placas localizadas em vias de maior fluxo, localizadas próximos aos centros comerciais regionais, e também na região central da cidade, proporcionando uma cobertura de maior abrangência e qualificação dentro da cidade.

    3) *Roteiro ABC*: são as placas localizadas na região do Grande ABC, que cobrem as ruas de maior fluxo de veículos e os melhores bairros das cidades de Santo André, São Bernardo do Campo e São Caetano do Sul.

Cabe salientar que a denominação dos roteiros pode variar de empresa para empresa. Há vários tipos de roteiro: diamante, ouro, prata etc.

É fundamental que você conheça o perfil do roteiro que está comprando, assim ficará mais fácil fazer a seleção. As empresas exibidoras possuem uma descrição mais detalhada sobre isso e podem fornecer esses dados. Outra fonte de informação sobre mídia exterior é o Datafolha, que tem uma pesquisa bastante apurada sobre o tema, entretanto há custo para sua utilização.

É interessante, quando possível, anexar a relação de locais onde serão veiculados seus anúncios de *outdoor*.

Tabela 7 Modelo de relatório de veiculação em *outdoor*

MODELO DE RELATÓRIO DE VEICULAÇÃO EM OUTDOOR

Cliente: **Centro de Ensino Pioneiro***
Período: **2016**
Peça: **Outdoor simples**
Formato: **9 x 3 m.**
Praça: **Grande SP.**

LOGO DA AGÊNCIA

Roteiro	Janeiro			Fevereiro			Março			Abril			Maio			Junho			Julho			Agosto			Setembro			Outubro			Novembro			Dezembro		
	1ª quinz.	2ª quinz.	Total	1ª quinz.	2ª quinz.	Total	1ª quinz.	2ª quinz.	Total	1ª quinz.	2ª quinz.	Total	1ª quinz.	2ª quinz.	Total	1ª quinz.	2ª quinz.	Total	1ª quinz.	2ª quinz.	Total	1ª quinz.	2ª quinz.	Total	1ª quinz.	2ª quinz.	Total	1ª quinz.	2ª quinz.	Total	1ª quinz.	2ª quinz.	Total	1ª quinz.	2ª quinz.	Total
Ouro*				40			40			40			40						40			40														
Prata*				35			35			35			35						35			35														
Bronze*				35			35			35			35						35			35														
Total						110			110			110			110						110			110													

Roteiro	Custo unitário	Nº de placas por roteiro	Investimento por roteiro	Nº de quinzenas	TOTAL
Ouro*	R$ 2.331,00	40	R$ 93.240,00	6	R$ 559.440,00
Prata*	R$ 2.331,00	35	R$ 81.585,00	6	R$ 489.510,00
Bronze*	R$ 711,00	35	R$ 24.885,00	6	R$ 149.310,00
Placas por quinzena		110	R$ 199.710,00		**R$ 1.198.260,00**

Data: ___/___/___

_____
Autorização do cliente

Os números aqui apresentados são fictícios e meramente ilustrativos.

Fonte: Elaborada pelo autor.

Meio internet

Justificar a seleção de portais por títulos por meio de um gráfico, no qual se verifique o percentual de participação de cada um deles.

- *Justificativa da programação selecionada*: fazer por portal, conforme os exemplos apresentados a seguir:

Tics* – www.tics.com.br

O Tics* foi escolhido por ter um grande número de visitantes e possibilitar o acesso ao conteúdo de forma inteiramente gratuita.

No Tics*, 92% do público pertence às classes A, B e C. A audiência é de 88,8% e composta por pessoas de todas as classes econômicas, com idade entre 18 e 54 anos.

Universo* – www.portaluniverso.com.br

O Universo* foi escolhido por ter o maior número de visitantes e a maior cobertura de internautas, segundo dados do instituto ABC.[1]

No Universo*, 92% do público pertence às classes A e B. Além disso, 75,8% dessa audiência é composta por pessoas economicamente ativas, com idade entre 18 e 54 anos, e 31,76% têm curso superior e/ou pós-graduação.

World* – www.portalworld.com.br

O portal World* foi selecionado por também ter grande número de visitantes, sobretudo na Região Sul do país.

No World*, 76% do público pertence às classes A e B. Além disso, 67,8% dessa audiência é composta por pessoas economicamente ativas, com idade entre 18 e 54 anos.

---

[1] Colocar o nome do instituto consultado.

Foofle* – www.foofle.com

O Foofle* é o melhor caminho para que empresas de diferentes portes possam captar novos clientes e aumentar o faturamento. Hoje em dia, considera-se um grande erro não reservar uma parte dos investimentos em comunicação para anunciar no Foofle*, tendo em vista que grande parte das compras de diversas categorias de produto tem sua pesquisa iniciada por ele, que é o maior buscador do mundo. Além disso, o Foofle* tem rastreabilidade e filtros que permitem a veiculação de anúncios com alto poder de segmentação e de conversão em vendas.

MoreTube – www.moretube.com

Recomenda-se o MoreTube por ser o *site* de vídeos mais popular do mundo. A marca atingiu quatro bilhões de vídeos assistidos por dia, um aumento de 25% se comparado aos anos anteriores. Desde que o Foofle o adquiriu em 2006, novas oportunidades de anúncio surgiram dentro dessa rede social de vídeos, e, com tantas visitas, é um ótimo lugar para anunciar e conseguir atrair mais clientes para os anunciantes.

Faça justificativas também dos outros veículos que você tenha selecionado e que não estejam aqui exemplificados.

Tabela 8 Modelo de relatório de veiculação em internet

MODELO DE RELATÓRIO DE VEICULAÇÃO EM INTERNET

Cliente: **Comércio de Produtos Alimentícios Sabor Único***
Produto: **Congelados Saber & Sabor***

Período: **2015**
Peça: **Full banner**
Formato: **468 x 60 pixels**

LOGO DA AGÊNCIA

Local	Portal					MESES								Total de inserções	Total de inser./mil.	CPM	Custo total
		Jan	Fev.	Mar.	Abr.	Maio	Jun.	Jul.	Ago.	Set.	Out.	Nov.	Dez.				
Home page	Universo*		100.000	100.000		100.000	100.000	100.000	100.000		100.000	100.000	100.000	900.000	900	R$ 60,00	R$ 54.000,00
	World*		100.000	100.000		100.000	100.000	100.000	100.000		100.000	100.000	100.000	900.000	900	R$ 65,00	R$ 58.500,00
	Tics*		100.000	100.000		100.000	100.000	100.000	100.000		100.000	100.000	100.000	900.000	900	R$ 62,00	R$ 55.800,00
	Foolie*		120.000	120.000		120.000	120.000	120.000	120.000		120.000	120.000	120.000	1.080.000	1.080	R$ 92,00	R$ 99.360,00
	MoreTube*		105.000	105.000		105.000	105.000	105.000	105.000		105.000	105.000	105.000	945.000	945	R$ 72,00	R$ 68.040,00

Investimento total: **R$ 335.700,00**

Data: ___/___/___

Autorização do cliente

Os números aqui apresentados são fictícios e meramente ilustrativos.

Fonte: Elaborada pelo autor.

8.5 Pesquisa de mídia

Refere-se à análise da representatividade percentual dos investimentos publicitários em cada meio.

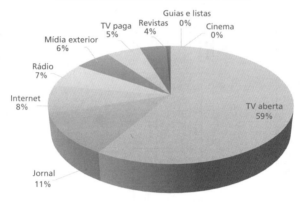

Gráfico 2 – Divisão das receitas de mídia – 2014.
Fonte: *Meio & Mensagem* – 27 de Abril de 2015.

Inserir, na sequência, tabela de investimentos programados para campanha por meio, na qual constem o valor e a participação percentual por meio.

Tabela 9 Total de investimentos da campanha por meio

TOTAL DE INVESTIMENTOS DA CAMPANHA POR MEIO

Meio	Total	Participação %
TV aberta	R$ 913.680,20	42%
Revista	R$ 420.030,42	19%
Outdoor	R$ 240.101,27	11%
Jornal	R$ 209.975,40	10%
Rádio	R$ 191.202,40	9%
Internet	R$ 120.070,37	6%
TV fechada	R$ 62.410,37	3%
TOTAL	**R$ 2.157.470,43**	**100%**

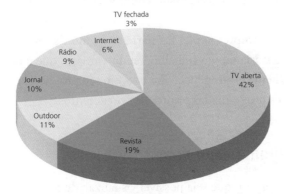

Valores fictícios e não relacionados a outros exemplos deste.
Fonte: Elaborados pelo autor.

Nos anexos, coloque uma cópia dos estudos sobre as mídias que você realizou para o seu *target*.

8.6 Assessoria de imprensa

Como já é do seu conhecimento, o trabalho de assessoria de imprensa é normalmente realizado por um jornalista, que faz a intermediação entre a empresa e os veículos de comunicação, para que as informações cheguem a estes da forma mais conveniente possível. Essas informações podem ser diversas, como lançamento de um produto, serviço e campanha ou mesmo para que a empresa seja lembrada por seu *target*.

Em geral, esse trabalho não é realizado por agências, mas por empresas especializadas. Contudo, cabe salientar que, se o cliente não tiver uma assessoria de imprensa própria, esse trabalho deverá ser orçado. Entretanto, não se produz nenhum material específico, já que é função do assessor de imprensa produzi-lo da maneira mais adequada.

O que é importante ter claro:

Objetivo: O que se pretende obter em termos de visibilidade para a marca com este trabalho.

Estratégia: O que será feito pelo Assessor. Definir ação ou ações.

Tática: Estabelecer prazos, formas, detalhar ações relacionadas a este trabalho.

Justificativa: Para cada ação planejada, deve-se pensar em uma justificativa plausível para sua implantação, assim como você já deve ter detalhado nas outras ações.

A assessoria de imprensa não faz parte do plano de mídia e também não é uma etapa obrigatória de seu trabalho, tendo em vista que é normalmente terceirizada pelo cliente e/ou agência. Por isso, em seu projeto, ela deverá vir depois de todas as ações programadas e antes dos orçamentos.

8.7 Cronograma geral de veiculação

Elabore uma tabela em que seja possível visualizar, de forma resumida, todas as ações programadas ao longo do período, como feito individualmente por ação.

Tabela 10 Análise comparativa de produto *versus* concorrência

MODELO DE CRONOGRAMA GERAL DE VEICULAÇÃO

Cliente: **Aromas do Cerrado***
Produto: **Cosméticos**

Ano: **2016** LOGO DA AGÊNCIA

Mídia	Tema	Jan.	Fev.	Mar.	Abr.	Maio	Jun.	Jul.	Ago.	Set.	Out.	Nov.	Dez.
Full banner	Beleza Natural	■	■										
Trem – envelopamento	Beleza Natural		■										
Frontlight	Beleza Natural							■					
TV aberta	Beleza Natural		■	■									
TV fechada	Beleza Natural		■	■									
Rádio	Beleza Natural	■											
Mobiliário urbano	Beleza Natural								■	■			
Empena	Beleza Natural								■	■			
Internet - *link* patrocinado	Beleza Natural		■	■									
Internet - *banner* expansivel	Beleza Natural		■	■									
Internet - anúncio de contexto	Beleza Natural		■	■									
Outernet	Beleza Natural		■										
Jornal	Beleza Natural	■											
Outdoor	Campanha Dia das Mães					■							
Busdoor	Campanha Dia das Mães					■							
Revista para o consumidor	Campanha Dia das Mães				■								
Rádio	Campanha Dia dos Namorados						■						
Internet - *banner* expansivel	Campanha Dia dos Namorados						■						
Revista para o consumidor	Campanha Dia dos Namorados						■						
Cinema	Campanha Dia dos Namorados						■						
Revista para o consumidor	Campanha Natal												■
Internet - *banner* expansivel	Campanha Natal											■	■
Sanca Metrô	Campanha Natal										■		
Revista para o consumidor	Dicas de Beleza												
Revista *trade*	Mais Giro e Lucro												

Este é um modelo de cronograma geral de ações programadas. Seu conteúdo é meramente ilustrativo.

Fonte: Elaborada pelo autor.

8.8 Orçamentos

Cabe salientar que o orçamento é uma etapa muito importante do trabalho. Por isso, deve ser feito de maneira a deixar claro para o cliente o quanto ele irá pagar por produção e veiculação da campanha, assim como a comissão de sua agência.

Utilizamos os percentuais adotados pela ABA e pelo Conselho Executivo das Normas-Padrão (CENP), que consideram 20% de comissão sobre veiculação e 15% sobre a produção e criação. Por isso, vale a pena esclarecer que os investimentos em promoção de vendas, eventos, patrocínios etc. serão comissionados em 15%.

Quanto à verba, é importante também destacar que uma campanha bem-feita deve fechar com a ideia do bom aproveitamento da verba do cliente. Quando uma verba é bem aproveitada, não sobra nada (ou o que sobra não é suficiente para fazer outras inserções em mídia, por exemplo). Se houver um estouro no orçamento, ele deverá ser percentualmente muito pequeno, de modo que seja possível negociar com os veículos e fornecedores no caso do aceite da proposta e baixar o preço para chegar ao valor disponibilizado pelo cliente.

Tabela 11 Modelo de planilha geral de orçamentos

MODELO DE PLANILHA GERAL DE ORÇAMENTOS

Cliente: **Lojas Zan***
Produtos: **Calças Skiny 402***
Período: **2016**

LOGO DA AGÊNCIA

Custos de Produção				
Descrição	Fornecedor	Quantidade	Preço unitário	Custo total
Filme 30" p/ TV	Mais Filmes*	1	80.000,00	R$ 80.000,00
Jingle rádio	A Voz Brasileira*	1	10.000,00	R$ 10.000,00
Produção website	Intersight Web*	1	5.000,00	R$ 5.000,00
Broadside	Gráf. Bandeiras*	500	4,40	R$ 2.200,00
Take one	Gráf. Bandeiras*	20.000	0,30	R$ 6.000,00
Display para take one	Gráf. Bandeiras*	400	3,30	R$ 1.320,00
Floor grafics	Gráf. Bandeiras*	1.500	9,90	R$ 14.850,00
Wobbler	Gráf. Bandeiras*	4.000	2,15	R$ 8.600,00
Stopper	Gráf. Bandeiras*	4.000	3,10	R$ 12.400,00
Faixa de gôndola	Gráf. Bandeiras*	4.000	1,90	R$ 7.600,00
		S1	Subtotal	R$ 147.970,00
		H1	Honorários 15%	R$ 22.195,50
		T1	Total $ produção	**R$ 170.165,50**

Custos de ações programadas		
Ação	Tema	Custo Total
Promoção Dia das Mães	Minha mãe é incrível!	R$ 253.450,00
Promoção Namorados	Momentos inesquecíveis	R$ 198.320,00
Promoção Dia dos Pais	Amor de pai	R$ 150.103,00
Merchandising Natal	Celebrar este momento	R$ 202.900,30
Campanha de incentivo	Recorde de vendas	R$ 42.320,00
Patrocínio cultural	Peça teatral: Tudo Blue*	R$ 100.000,00
Evento social	Oficina social de costura	R$ 43.000,00
Feira	Fashion Universe*	R$ 320.000,00
Blitz	Em sintonia com a moda	R$ 72.430,60
	S2	Subtotal	R$ 1.382.523,90
	H2	Honorários 15%	R$ 207.378,58
	T2	Total $ ações	**R$ 1.589.902,48**

Custos de veiculação		
TV aberta regional	Emissoras A, B, C	R$ 1.998.300,00
TV fechada	Geografia Internacional*/Tele Filmes*/Muitos Shows*	R$ 250.000,00
Rádio	Brasil Jovem FM*/Mega FM*/Inovação FM*	R$ 310.000,00
Revista	Sempre em forma*/Linda D+*/Carinho com você*	R$ 520.000,00
Jornal	Publi News*	R$ 30.000,00
Outdoor	View	R$ 430.000,00
Internet	Foofle*/World*/Tics*/Universo*	R$ 240.000,00
	S3	Subtotal	R$ 3.778.300,00
	H3 (*)	Honorários 20%	R$ 755.600,00
	T3	Total $ veiculação	**R$ 3.778.300,00**

Budget	T1 + T2 + T3 = total de investimentos
R$ 5.550.000,00	R$ 5.538.367,98

Crédito: R$ 11.632,02 ⟶ Reserva para reimpressão de materiais gráficos ou anúncios de oportunidade.

Data: ___/___/___.

Autorização do cliente

(*) Esses honorários não são somados ao valor investido por tratar-se de um repasse dos veículos de comunicação às agências de propaganda após o recebimento do pagamento do anunciante.

IMPORTANTE: Note que os valores e as programações utilizados como exemplo não têm relação entre si e servem apenas para ilustrar o tópico explicitado.

Fonte: Elaborada pelo autor.

Distribuição dos Investimentos
Produção 3%
Ações promocionais 29%
Veiculação 68%

Fonte: Elaborado pelo autor com dados fictícios meramente ilustrativos.

Nota de esclarecimento sobre:

SISTEMAS DE REMUNERAÇÃO DE AGÊNCIAS DE PROPAGANDA

Uma agência de propaganda não possui por sua natureza preços ou taxas, mas sim formas de calcular sua remuneração. Esse cálculo tem origem em um processo de negociação que envolve não só o cliente, mas também fornecedores. Em diversas situações, a habilidade de negociação do atendimento se tornam indispensáveis para o fechamento de um contrato.

E a primeira regra do bom negociador é evitar ceder de imediato a qualquer coisa. É preciso ser hábil, e a habilidade consiste em saber jogar o jogo de ambos os lados, seja como comprador, seja como vendedor de serviços.

Assim, para que o sistema de remuneração fosse disciplinado e os critérios para contratação dos serviços ficassem técnicos e focados na qualidade do que é oferecido e não no preço ou na forma como é remunerado, foram estabelecidos critérios mais claros, definidos em acordo entre o CENP e a ABA.

Desta forma, para início de qualquer negociação entre cliente e agência, e também para orçamento dos projetos experimentais, as propostas são sempre apresentadas a partir deste sistema:

- **O sistema de comissões estabelecido pelo CENP/ABA** recomenda 15% sobre os serviços contratados e produzidos, além de 20% sobre os serviços de veiculação, sendo que estes são repassados pelos veículos de comunicação.

Contudo, este sistema de remuneração não é suficiente para atender às expectativas de todos os tipos de clientes e agências e por isso existem outras formas de remuneração que podem ser negociadas, de acordo com a situação, necessidade ou característica do cliente.

continua

- **O sistema de remuneração por fee fixo** compreende um valor fixo por mês, desconsiderando comissões ou demandas de trabalho. É utilizado normalmente quando o cliente possui uma demanda de trabalho já previamente estabelecida e um contrato de pelo menos um ano.
- **O sistema de remuneração por resultados** pode ser estabelecido tanto com um porcentual quanto um valor fixo se os objetivos forem atingidos. Este tipo de remuneração não é utilizado com muita frequência, dado seu risco e necessidade de controle dos resultados.
- **O sistema de fee mensal fixo acrescido de porcentual sobre os resultados** alia dois outros sistemas: o fee fixo mensal e o de remuneração por resultados. Costuma ser utilizado para estabelecer um compromisso maior das agências com os resultados obtidos pelo cliente.
- **O sistema de *mark-up*** compreende um acréscimo aos serviços de terceiros ou a determinação de um valor fixo para os serviços. Sistema no qual a compra dos serviços é feita diretamente pela agência, que acrescenta um porcentual que cubra os custos com a operação e o lucro, além dos impostos.
- **O sistema de honorários negociados acrescidos de cláusula de resultados** é composto de uma comissão obrigatória, além de um valor adicional absoluto se os objetivos forem alcançados.
- **O sistema de comissões sugeridas pelo CENP e ABA**, negociados com descontos progressivos para verbas muito elevadas. Válido apenas para os maiores anunciantes do país.
- **O sistema de contrato de participação** compreende a remuneração exclusiva por um porcentual sobre as vendas do cliente no final do mês. Neste caso, a agência torna-se uma espécie de sócio do negócio, pois sua remuneração fica atrelada ao faturamento.

Finalizando o trabalho

Após o orçamento, deverá ser feita uma divisória no trabalho, em que constarão as peças que deverão estar identificadas por meio do código referente ao item correspondente – por exemplo, *Broadside* (capítulo 7) – e/ou com sua ficha técnica correspondente.

No Capítulo 10, ver glossário, bibliografia, apêndice e anexos.

Metodologia

É de fundamental importância para seu projeto que sejam consultadas as normas da ABNT em uma versão atualizada. Algumas faculdades costumam disponibilizá-las em sua própria página da internet, mas o manual também pode ser consultado em www.abnt.com.br.

Contudo, existem alguns pontos principais que podem ser aqui descritos e que facilitarão na hora da montagem de seu *book*.

Formatação

Texto

Utilizar sempre a fonte "Arial" ou "Times New Roman", tamanho 12.

Citações

É muito importante inserir citações bibliográficas ao longo do projeto de forma a justificar os conceitos nele aplicados. A seguir, apresentam-se alguns exemplos de como indicar as citações:

- Texto citado diretamente da fonte pesquisada (autor):

"O posicionamento pode influenciar as atitudes dos funcionários da empresa. As pessoas gostam de trabalhar para uma empresa com a qual possam se identificar" (MCKENNA, 1996, p. 51).

- Texto citado por fonte secundária (obra de outro autor):

"O posicionamento pode influenciar as atitudes dos funcionários da empresa. As pessoas gostam de trabalhar para uma empresa com a qual possam se identificar" (MCKENNA, 1996 apud PAIVA, 2006, p. 100).

- Inserção da citação no próprio texto:

"Existem duas teorias principais que explicam a evolução da concorrência e suas mudanças no mercado varejista que são atualmente muito aceitas. Kotler (2000, p. 234) as define como 'A roda do varejo e o ciclo de vida do varejo'."

Atenção: Citações com mais de três linhas devem ter um recuo maior da margem e ter o tamanho de sua fonte reduzido de 12 para 10.

As citações podem ser feitas também junto com as notas de esclarecimento de termos técnicos específicos e ser feitas em notas de rodapé. Para isso o termo técnico em questão deve vir com um número, que o relacione à nota de esclarecimento e fonte no final da página. Nesse caso, fique atento a eventuais problemas de configuração.

Espaçamento

Em todo o texto, deve-se utilizar entrelinha de 1,5.
Também deve ser utilizado um recuo de parágrafo no início das frases.

Margens

Utilizar 3 cm na parte superior e esquerda e 2 cm na parte inferior e direita.

Numeração das páginas

Deve ser impressa na parte superior do canto direito da folha.

Capa dura

É importante destacar que a capa dura só é feita após a defesa pública do trabalho e consequente aprovação. Para isso, também devem ser considerados e/ou refeitos os pontos falhos do projeto apontados pela banca examinadora durante a defesa.

Por fim, ao encaminhar seu material para encadernação, envie um rascunho de como deverão ser aplicadas as informações que constarão na capa (tanto na parte frontal quanto na lombada), para evitar erros da encadernadora.

Verifique também com seu orientador a cor da capa e a fonte que serão utilizadas na encadernação.

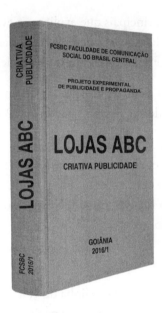

Figura 1 Modelo para encadernação em capa dura.
Fonte: Idealizada pelo autor. Arte de PC Editorial sobre imagem de Nerijus Juras/Shutterstock.

Conteúdo do trabalho

Na primeira folha, tal como na versão entregue com encadernação em espiral, devem constar as mesmas informações da parte frontal da capa dura: nome da faculdade, agência, cliente, cidade e ano. Cada item deve ser indicado um abaixo do outro, com maior destaque para o nome do cliente.

Na versão em capa dura, esta passa a ser a primeira folha.

Na segunda folha indicam-se os nomes dos integrantes do grupo.

Centralizado no meio da folha com maior destaque, deve-se mencionar o nome do cliente.

Na sequência, deve-se criar uma caixa alinhada na página do meio para a direita, onde deverão ser inseridos os dizeres apresentados a seguir, com a mesma fonte utilizada, em itálico, com texto justificado (alinhado dos dois lados dentro do boxe).

Verifique a titulação de seu orientador, pois ela deverá constar nesse espaço: Ms. = mestre ou Dr. = doutor.

> *Projeto Experimental apresentado à Área de Comunicação Social com Habilitação em Publicidade e Propaganda como requisito parcial para obtenção do título de bacharel, orientado pelo Prof. (Ms. ou Dr.) fulano de tal.*

E, por último, devem-se indicar a cidade onde fica a faculdade e, abaixo, o ano.

Ficha catalográfica

Para que seu trabalho seja devidamente catalogado e disponibilizado na biblioteca, é importante que a ficha catalográfica esteja correta.

Normalmente, as bibliotecas das faculdades costumam gravar o modelo em CD, *pendrive* ou mesmo em arquivo digital armazenado na nuvem, já com o número que será incluído no acervo para que os alunos preencham com os dados do grupo.

Cabe salientar que a ficha catalográfica deve ser impressa no verso da folha descrita anteriormente, ou seja, esta é a única folha do projeto que terá impressão frente e verso.

Assim, primeiro deve ser descrito na parte superior da folha a expressão "ficha catalográfica" com destaque (mesma fonte utilizada para os títulos).

Já na parte inferior da página, ou seja, se dividirmos visualmente a página em quatro partes, a ficha entrará na quarta e última parte, com a menção "Catalogação na Publicação".

Na sequência, devem-se indicar o nome da biblioteca da faculdade e, logo abaixo, um quadro centralizado, no qual deverão constar os seguintes itens:

- Nomes dos integrantes separados por ponto e vírgula e em ordem alfabética (pelo último sobrenome): o último sobrenome (em letras maiúsculas) deverá ser separado do prenome por vírgula e este deverá ser separado daquele por ponto e vírgula.

- Nome do orientador (sobrenome e prenome).
- Nome do projeto/cliente.
- Na linha de baixo, indicar o nome da faculdade e o ano.
- Palavras-chave: indicar de três a cinco palavras que mais aparecem no trabalho.
- Número de páginas impressas numeradas.

A seguir, apresenta-se um modelo simples de ficha catalográfica para orientação.

Ficha Catalográfica
Catalogação na Publicação:
Biblioteca Machado de Assis

ASSIS, Antônio; CARVALHO, Bruno; DIAS, Arnaldo; FERNANDES, Camila; PEREIRA, Rodrigo; SAMPAIO, Carla.
Orientador: PAIVA, Edson
Casa do Pão Quente*
Projeto Experimental de Publicidade e Propaganda
Faculdade Santo Antônio do Pinhal
2005
1. *Fast-food*, 2. Franquia, 3. Consumo, 4. Mercado
155 p.

Folha de aprovação

É a próxima folha a ser impressa.

Trata-se de uma página totalmente em branco, apenas com a menção "folha de aprovação" em destaque (mesma fonte utilizada para títulos) na parte superior e na quarta parte inferior da página, com três linhas intercaladas por três espaços, alinhadas do meio da página para o lado direito, para assinatura dos membros da banca examinadora.

(Vale tanto para a versão em espiral, que será utilizada na defesa, quanto para a versão em capa dura, que será encaminhada para a biblioteca).

Dedicatória

Embora esse item não seja obrigatório, demonstra cuidado e carinho com o trabalho, assim como reconhecimento aos que colaboraram indiretamente para a concretização dele e que foram fundamentais em sua trajetória até aqui. Normalmente, o texto da dedicatória é mais enxuto e impresso na parte inferior da página, alinhado à direita.

Agradecimentos

Esse item também não é obrigatório. Porém, é de bom-tom agradecer àqueles que, de uma forma ou de outra, colaboraram para que o projeto obtivesse êxito. Para tanto, basta uma página ou duas. Não é necessário que cada integrante do projeto apresente os agradecimentos que considerar necessários de forma individual. O ideal é que isso seja feito em nome do grupo.

Epígrafe

Apesar de esse item não ser obrigatório, demonstra cuidado e carinho com o trabalho produzido.

Pode-se indicar uma frase de algum pensador, escritor, filósofo ou de alguém que tenha inspirado você em algum momento e que tenha sido importante nessa fase.

Não se esqueça de citar o autor da frase.

Resumo

Em uma ou duas páginas, resuma seu projeto como um todo, mencionando o assunto abordado, o tema pesquisado, a situação da empresa e a proposta de sua agência. Segundo a ABNT, o resumo deve ter, para trabalhos acadêmicos (teses, dissertações e outros) e relatórios técnico-científicos entre 150 e 500 palavras.

Palavras-chave

Referem-se às palavras que mais aparecem no projeto e que o diferenciam dos demais. (Trata-se das mesmas utilizadas na ficha catalográfica). Devem vir separadas entre si por ponto. Caso haja espaço na parte final do resumo, podem-se colocar as palavras-chave na mesma página; caso contrário, iniciar uma nova página. O mesmo critério deve ser adotado para o *abstract* e as *keywords*.

Abstract

Refere-se à tradução para o inglês do resumo.

Keywords

Refere-se à tradução para o inglês das palavras-chave.

Carômetro

Na página do carômetro, deverão constar as fotos dos integrantes da agência, com nome completo, área responsável, *e-mail*, endereço da agência e logomarca.

Papelaria

Refere-se à encadernação de todos os materiais de papelaria da agência: manual de identidade, papel timbrado, cartões de visita, envelopes etc.

Sumário

No sumário, indicam-se os títulos de capítulos e os subtitens/subtítulos de seu projeto.

O texto de introdução não deve ser numerado como capítulo.

Até este ponto não se indicam os números de páginas, mas eles devem ser considerados no total. A numeração deve ser impressa a partir da introdução, que virá logo após o sumário.

Os capítulos são numerados da seguinte forma:

1. *Briefing*
2. Diagnóstico (para o curso de Publicidade e Propaganda)
3. Planejamento de *marketing*
4. Planejamento de comunicação
5. Planejamento de campanha
6. Plano de trabalho criativo (PTC)
7. Plano de promocional
8. Plano de mídia
9. Peças

Considerações finais

Glossário

Referências Bibliográficas

Apêndice (se houver)

Anexos

Os itens que fazem parte de cada um dos capítulos são considerados subitens/subtítulos e devem ser numerados como derivados do capítulo:

1.1 (Subitem/subtítulo do capítulo 1)
1.2 (Subitem/subítulo do capítulo 1)
1.2.1 (Etapas do subitem/ subtítulo do capítulo 1)

E assim por diante.

Lista de tabelas

Elabore uma lista de tabelas para facilitar a localização delas. Indique os números e os respectivos títulos, além da página em que se encontra cada uma delas.

Lista de gráficos

Elabore uma lista de gráficos para facilitar a localização deles. Indique os número e os respectivos títulos, além da página em que encontra cada um deles.

Introdução

Na introdução, mencione o propósito do trabalho e o que o leitor encontrará nas próximas páginas, Além disso, indique, de forma resumida, o conteúdo de cada um dos capítulos.

Atenção: introdução não é o mesmo que resumo.

A partir desse ponto, passam a ser impressos os números de páginas, conforme já mencionado em "Sumário".

Folhas divisórias

É interessante que sejam produzidas folhas divisórias com os títulos dos capítulos em folha personalizada pela agência. Fica mais fácil a localização e valoriza graficamente o trabalho.

Briefing, Planejamento de Marketing (para o curso de Propaganda e Marketing), Diagnóstico (para o curso de Publicidade e Propaganda), Planejamento de Campanha, Plano de Ações, Plano de Mídia, Peças.

Glossário

Trata-se de uma espécie de dicionário com os termos técnicos ou em língua estrangeira (exceto do *abstract* e *keywords*) que fazem parte do trabalho. Ver o glossário deste livro.

Bibliografia

Na bibliografia, constam os livros, as revistas e os manuais consultados para o desenvolvimento do projeto.

Não é obrigatório, porém fica mais fácil a localização dos títulos se as referências bibliográficas estiverem separadas entre livros, revistas, jornais e internet.

Livros são os materiais bibliográficos mais importantes, por isso devem vir em primeiro lugar, ordenados em ordem alfabética por sobrenome. Primeiro, o sobrenome em caixa alta, separado por vírgula do prenome. Após ponto, nome da obra em itálico, número da edição, vírgula, cidade onde a obra foi publicada, dois pontos, nome da editora (sem a palavra editora e sem citar palavras que designem a natureza jurídica ou comercial da empresa) e ano da publicação.

Ver referências bibliográficas deste livro.

Apêndice (se houver)

Trata-se de instrumento desenvolvido pelo próprio grupo, para obter mais informações, dados etc.

No apêndice, podem-se incluir esquemas, formulários, questionários, termos de autorização etc.

Incluir apenas uma cópia em branco (não preenchida) de cada.

Os formulários preenchidos devem ficar em uma encadernação à parte, que poderá ser disponibilizada à banca examinadora se solicitados no momento da defesa, caso haja alguma dúvida sobre os dados apurados.

Anexos

Referem-se a todos os materiais de terceiros, como orçamentos, xerox de matérias utilizadas, fax e *e-mail* do cliente, institutos de pesquisa etc.

Não é de bom-tom apresentar uma quantidade muito grande de anexos. Caso estes excedam a 20 páginas, selecionar apenas os mais importantes, como carta de aceite do cliente para o desenvolvimento do projeto, orçamentos vultosos etc. Os anexos de menor relevância devem ser organizados em uma encadernação à parte, que ficará de posse de grupo.

É importante também destacar que os anexos devem estar classificados por assunto, tais como: pesquisa, orçamentos, informações transmitidas pelo cliente etc.

Recomendo que a primeira folha dos anexos seja uma cópia da carta ou *e-mail* da empresa cliente confirmando que está ciente e de acordo com o desenvolvimento do projeto experimental pelo grupo. Essa é uma forma de evitar futuros aborrecimentos.

Papel timbrado para impressão

Não há problema quanto à utilização de papel timbrado com o logo da agência, porém este deverá ser inserido na folha em marca d'água, ou impresso em tamanho e localização no espaço da folha que não interfira no padrão de impressão do projeto.

É importante consultar seu orientador sobre a utilização ou não do seu papel timbrado e sobre possíveis alterações que deverão ser feitas nele para que possa ser utilizado na impressão do projeto.

Consulte também outros projetos já catalogados na biblioteca de sua faculdade.

Apresentação

Como preparar uma boa apresentação de seu projeto experimental

Como sempre digo, com base nos projetos que orientei nos últimos anos, não basta o projeto ser bom, é preciso também que ele pareça bom. E isso depende fundamentalmente de como o projeto é apresentado.

Por isso, é importantíssimo elaborar um *checklist* de todas as etapas para que possíveis pendências sejam verificadas e solucionadas em tempo hábil. Dessa forma, pode-se evitar que o trabalho seja comprometido por um detalhe esquecido.

Revisão

Faça uma revisão antes dos ensaios de apresentação e da entrega do *book*. É necessário que seja feita uma criteriosa revisão gramatical, de preferência por algum professor de português não envolvido no projeto. Os alunos, e até mesmo os professores, após meses de orientação, acabam não enxergando mais eventuais detalhes que podem fazer muita diferença. Trata-se de um cuidado essencial e indispensável, pois um projeto com muitos erros gramaticais dificilmente obterá boas notas. Lembre-se de que as falhas poderão aparecer quando o projeto for analisado pela banca examinadora.

As peças que serão apresentadas e os respectivos *layouts* com títulos, textos e *slides* do PowerPoint (ou qualquer outro *software*) também devem passar por essa criteriosa revisão, tendo em vista que as peças ainda terão maior visibilidade, pois serão projetadas para o público presente e, por isso, os erros ficarão ainda mais evidentes.

Script de apresentação

Procure saber quanto tempo você terá para apresentar o trabalho. Como já mencionado, esse tempo varia de 30 a 40 minutos.

Consulte o seu orientador e, com base no tempo estipulado, elabore o *script* de apresentação: organize todos os itens a serem abordados, cronometre o tempo necessário para cada tópico e verifique se pode se estender em algum ponto ou deve "enxugar" o texto.

Anote os pontos que você poderá abordar sem necessidade de leitura e aqueles que exigirão leitura.

O ideal é que sejam lidos apenas os textos das peças de criação. O restante da apresentação deve ser explicado pelo apresentador sem que ele tenha que ler algum roteiro. Para garantir maior segurança, utilize fichas nas quais deverão constar os pontos mais relevantes do trabalho, a fim de facilitar a oratória (como ocorre com os apresentadores de programas de auditório). Dessa forma, você não correrá o risco de se perder durante a apresentação. Contudo, você poderá se guiar pela tela do PowerPoint projetada no momento da apresentação.

Depois da revisão do texto, ensaie várias vezes procurando demonstrar maior segurança e naturalidade.

Ensaio de apresentação

Em casa, ensaie uma, duas, três, dez vezes ou quantas forem necessárias para dar maior naturalidade.

Opte por usar dois apresentadores. Isso dinamiza a apresentação, entretanto eles deverão estar bem afinados ou entrosados, para que não haja quebra no ritmo.

Uma técnica que pode ser utilizada para isso é a de intercalar a fala dos dois, como acontece nos telejornais de TV, contudo isso requer uma preocupação maior com os ensaios para que não ocorram desencontros durante as apresentações. Também pode ser feita a divisão em duas partes, ou seja, um apresenta o *briefing* e planejamento, e o outro aborda aspectos relacionados à criação, à mídia e aos orçamentos. No entanto, reforço o ponto do entrosamento para que não ocorra quebra do ritmo da apresentação.

É importante também que sejam treinados apresentadores suplentes, para que, caso ocorra algum imprevisto com um dos apresentadores, haja um substituto imediato à altura.

Dicas

É interessante que sejam feitos ensaios (quando possível) em frente do espelho, pois assim você mesmo poderá corrigir sua postura durante a apresentação. Aqueles que tiverem condições de gravar os ensaios, também podem usar o vídeo com essa finalidade, tomando cuidado para que as brincadeiras com o grupo não interfiram na proposta que é corrigir a postura durante a apresentação.

Para conter o nervosismo, cabe também um amuleto, ou seja, algo em mãos durante a apresentação. Assim, você poderá conter toda a sua ansiedade e nervosismo naquela peça e terá mais tranquilidade para apresentar seu trabalho.

Cronômetro

Durante os ensaios, cronometre sua apresentação. Os demais integrantes do grupo devem colaborar nesse sentido. Eles deverão observar a clareza das informações transmitidas, ou seja, se o ritmo da apresentação não está muito lento, que não permita passar, dentro do prazo estipulado, todas as informações necessárias ou se está muito rápida que não permita a assimilação delas.

Credibilidade

Procure imprimir credibilidade às informações transmitidas. Lembre-se de que as ideias propostas não devem ser apenas apresentadas, mas sim vendidas à banca examinadora "como a melhor solução" para os problemas relacionados ao cliente.

Elaboração dos *slides* de apresentação

Nunca elabore *slides* com blocos de texto. Isso, além de confundir os espectadores, tornará mais visível alguma divergência entre o que está sendo falado e o que está escrito. O correto é trabalhar com tópicos como referência, e estes podem ter "frases" ou subitens que complementem a ideia principal.

Utilize também gráficos, planilhas e tabelas que possam elucidar as informações que você e o grupo pretendem transmitir.

A ordem do conteúdo da apresentação é a mesma do seu *book*, ou seja, apresentação da agência, cliente (histórico da empresa), produto etc.

Baseie-se pela ordem do *book*, ela deve ser a base da apresentação. Intercale a apresentação das peças de criação com a mídia utilizada, pois isso dará maior dinamismo a sua explanação do trabalho e o tornará mais interessante. Dessa forma, a banca saberá exatamente em que momento cada peça será veiculada.

Identidade visual da agência

O que está sendo vendido para a banca examinadora ou para o seu cliente é o trabalho de sua agência. A fim de evitar qualquer esquecimento constrangedor durante a apresentação, inclua, nas telas dos *slides*, o logo de sua agência e o do seu cliente; assim, ficará mais fácil a memorização da parceria que se pretende estabelecer entre cliente e agência.

Apesar de não ser obrigatória, uma vinheta animada da logomarca da agência, criada em *flash* ou vídeo com uma trilha impactante, pode gerar a primeira impressão positiva de sua agência.

Ensaio geral

Faça um ensaio completo com toda a agência, se possível opere os equipamentos que serão utilizados no dia da apresentação, mesmo que em local diferente. Dessa forma, vocês e o grupo poderão verificar eventuais falhas e corrigi-las.

Defina quem irá operar os equipamentos de informática, áudio e vídeo. Quem entregará as peças (*layouts*) à banca examinadora e os brindes ou as degustações, se houver.

Nesse ensaio geral, é importante definir também quem responderá às perguntas da banca examinadora. Em geral, cabe ao responsável pela área questionada responder. Por exemplo: se a questão for sobre o porquê da utilização de emissoras de rádio AM e não FM, caberá ao responsável pela mídia fazer a defesa e assim por diante.

Compatibilidade de equipamentos/*softwares*

No caso de o ensaio não ser realizado no mesmo ambiente da apresentação, é necessário checar previamente a compatibilidade do equipamento disponibilizado no local com os seus arquivos. No dia da apresentação, não serão aceitas justificativas como "o computador não leu os meus disquetes ou CDs" ou "o computador do local é muito lento e não consegue rodar tal arquivo". Lembre-se de checar cuidadosa e antecipadamente todos esses detalhes, pois, no dia da apresentação, você e o grupo terão tempo hábil para buscar as soluções necessárias.

Teste sua apresentação

A opinião de outras pessoas não envolvidas com o projeto pode ser fundamental antes da efetiva apresentação. Peça a elas que observem os seguintes aspectos:

- *Postura*: como o apresentador se coloca diante do público?
- *Segurança*: os argumentos do apresentador são convincentes?
- *Clareza*: alguém que não tenha lido o trabalho poderá compreendê-lo com base nas informações transmitidas?
- *Tempo*: o tempo destinado à apresentação foi respeitado?

Ajustes finais

Agora é o momento prestar atenção aos detalhes. Verifique os últimos itens de seu *checklist*.

- *Correções de peças e materiais impressos* (erratas, se houver).
- *Divulgação da apresentação*: imprima convites para formalizar seu interesse em ter presentes pessoas que lhe são importantes, como amigos, familiares

e, sempre que possível, o cliente. Elabore também cartazetes e/ou faixas que serão fixados na sua faculdade (quando possível), para divulgar o evento e convidar os demais alunos do curso. O prestígio dos colegas de curso é imprescindível.
- *Vestimenta do grupo*: alguns grupos costumam providenciar uniforme para a equipe. Trata-se de um recurso interessante, pois marca a presença do grupo no espaço onde será realizada a apresentação, mas não é obrigatório. O importante é que o apresentador (atendimento da agência) esteja elegante e discretamente vestido, de preferência com traje social.

Como marcar presença

- Monte sempre que possível um *showroom* com os produtos de seu cliente.
- Decore o local com materiais promocionais que façam referência ao produto do seu cliente e à sua agência.
- Promova, se possível, degustações, *sampling* ou demonstrações na entrada do local de apresentação (não se esqueça de verificar a viabilidade para isso e solicitar as devidas autorizações).

No dia da apresentação

- Chegue mais cedo para checar os equipamentos (verifique antecipadamente a partir de que horário o local estará disponível para o grupo).
- Faça uma alimentação leve.
- Procure estar calmo e relaxado.

Acredite no seu trabalho e no seu potencial! Sua carreira profissional começa aqui.

Apresentação do projeto

Em geral, antes do início das apresentações, o coordenador do curso ou projeto faz algumas observações e identificam-se os integrantes da banca examinadora.

Depois desse protocolo introdutório, começam as apresentações dos grupos

Impacto inicial

Normalmente, entre a palavra final do professor ou coordenador e o início das apresentações gera-se um certo "burburinho" entre os presentes.

Por isso, o clipe de sua agência (se houver) terá duas funções:

- Instalar o silêncio na sala de apresentação.
- Causar a primeira boa impressão sobre o grupo, seja pelas imagens impactantes, seja pelo áudio, que termina com a logomarca da agência.

Ao término do clipe, inicie com "Bom dia", "Boa tarde" ou "Boa noite" e apresente-se: "Meu nome é 'Fulano de tal', sou do atendimento da agência "Sicrano" e vou apresentar-lhes a campanha desenvolvida para o produto "XPTO" do nosso cliente "Beltrano".

Continue com o histórico da empresa e siga o *script*.

Encerramento da apresentação

O último item a ser apresentado refere-se aos custos.

Cuidado, não utilize a palavra despesa ou gasto em nenhum momento. Os clientes não querem gastar, mas sim investir, portanto o que será apresentado é uma tabela com o total de investimentos necessários para realização da campanha apresentada.

Se houver sobra ou estouro de verba, explique por que isso ocorreu.

Conclua dizendo: "Aqui se encerra a apresentação de nossa campanha e gostaríamos de fazer alguns agradecimentos". Faça os agradecimentos de forma breve e objetiva (eles também podem ser projetados) e, por fim, apresente os demais integrantes da agência. Na apresentação, você pode chamar nominalmente cada integrante ou veicular um pequeno clipe semelhante ao carômetro com trilha. Nesse clipe, deverão constar o nome e a função dos integrantes da agência, os quais se colocarão em frente da tela de apresentação à medida que forem anunciados.

Por fim, passe a palavra à banca examinadora: "Esta é a agência 'Sicrano' e estamos à disposição para os questionamentos da banca examinadora".

Mantenha a seriedade, afinal, mesmo acreditando que seu trabalho está muito bom, a arguição da banca é fundamental (perguntas feitas pela banca e respostas do grupo).

Respondendo aos questionamentos

Tenha em mente quem irá responder sobre cada assunto, de acordo com o preestabelecido. Caso o responsável pela área não tenha respondido satisfatoriamente, outro integrante pode pedir a palavra para complementar a resposta.

Nas respostas, não procure achar culpados para justificar falhas. O trabalho é seu e, por isso, você deve assumir a responsabilidade por suas qualidades e defeitos.

Dê sempre respostas claras e objetivas e não tome as críticas como ataques pessoais.

Fim da arguição

- Entregue os brindes à banca examinadora (se houver). Nesse tipo de apresentação de agência para cliente, os brindes são muito comuns. Além disso, trata-se de uma tradição nas apresentações acadêmicas. O brinde é uma forma de agradecimento às orientações e observações proferidas sobre o trabalho e também uma forma de marcar presença e reforçar a imagem do grupo ou agência perante a banca examinadora ou o cliente.
- Retire seu material dos equipamentos rapidamente para que os outros grupos possam se apresentar.
- Assista às demais apresentações.
- Aguarde o resultado final.

Boa sorte e suce$$o para todos!!!

Glossário

A
Abstract: versão em inglês do resumo.
All type: tipo de anúncio sem imagem, apenas texto.
APP: Associação dos Profissionais de Propaganda.

B
B2B: *Business to business*, ou seja, negócios entre empresas.
Back light: painel utilizado para anúncio publicitário retroiluminado. (A iluminação é feita por lâmpadas fluorescentes, alocadas por trás do painel, dentro de uma caixa.)
Banner: faixa vertical utilizada em PDVs com mensagens publicitárias. Há também peças e formatos semelhantes na internet que possibilitam o *link* com o *website* do anunciante.
Blimp: inflável grande que reproduz, de forma ampliada, produtos e imagens de empresas.
Bonificação: prêmio pago em produtos por quantidade adquirida oferecido ao varejo.
Book: livro (versão final do projeto).
Botton/pin: peça promocional fixada por alfinete ou fita adesiva que contém, em geral, a logomarca da campanha de produtos ou empresas. O *botton* é colocado na vestimenta.
Brainstorm: reunião em que são colocadas todas as ideias do grupo sobre um determinado assunto. Nela não são permitidas censuras prévias à criatividade. É uma técnica utilizada no processo criativo para geração de ideias.
Brand: marca.
Briefing: relatório com informações sobre o cliente, produto, mercado, distribuição e concorrência do cliente.
Broadside: peça desenvolvida para o revendedor, cujo objetivo é informá-lo sobre a campanha publicitária a ser realizada.
Budget: orçamento, verba.
Busdoor: peça publicitária fixada em ônibus.

C
Caixa alta: letras maiúsculas.
Caixa baixa: letras minúsculas.
Caixa alta e baixa: letras maiúsculas e minúsculas.

Carômetro: material que apresenta os integrantes da agência por meio de fotos e dados pessoais, tais como: nome completo, função na agência e *e-mail* pessoal. Deve ser elaborado em material com a identidade visual da agência.
Case: o mesmo que caso.
Catálogo: relação de produtos e/ou serviços de uma empresa com ilustrações e principais características.
CENP: Conselho Executivo de Normas Padrão.
Checklist: relação de itens a serem verificados, checados, para que nenhum deixe de ser trabalhado, realizado.
Clipping: normalmente realizado pela assessoria de imprensa. Trata-se da organização dos materiais publicados em TV, rádio e internet ou de outras formas em que constam as informações sobre o produto e/ou a empresa.
Commodities: produtos comuns que não têm diferenciais facilmente identificados.

D
Delivery: entrega em domicílio.
Design: estilo, desenho.
Display: peça para acondicionar ou expor peças ou produtos no PDV.

E
Empena: painel publicitário fixado em laterais de prédios e construções.
Encarte: peça publicitária para ser incluída, de maneira avulsa (solta), dentro de jornais, revistas etc.
Envelopamento: peça publicitária que consiste na adesivagem total ou parcial de veículos e/ou meios de transporte, tais como: trens, metrô, ônibus, carros etc. Também é utilizado em telas de proteção que cobrem, como medida de segurança, prédios em construção.

F
Faixa de gôndola: peça para ser fixada na parte frontal da gôndola de lojas de autosserviço, contendo logomarcas de produto e campanha.
Fashion: que está na moda.
Feedback: retorno sobre algo.
Flash: Programa de computação gráfica que possibilita fazer animações.
Flash mob: aglomerações instantâneas de pessoas em certo lugar para realizar determinada ação inusitada previamente combinada. Essas aglomerações se dispersam tão rapidamente quanto se reuniram. A expressão geralmente se aplica a reuniões organizadas por meio de *e-mails* ou redes sociais.
Flight: semana contínua de veiculação.
Focus group: grupos de foco.
Fôlder: impresso em uma única folha, com mais de duas dobras.
Frontlight: painel iluminado por luz frontal utilizado em anúncio publicitário.

G
GRP: *gross rating points* (pontos de audiência bruta).

H
Heavy user: consumidores frequentes e fiéis.

I
Ibope: Instituto Brasileiro de Opinião e Estatística.

Intercom: Sociedade Brasileira de Estudos Interdisciplinares da Comunicação. Organizadora de diversos congressos intercursos da área de Comunicação.
IVC: Instituto Verificador de Circulação.

J
Jingle: anúncio veiculado no rádio em forma de música, desenvolvida especificamente para determinado cliente.
Job: trabalho realizado pela agência.

K
Keywords: palavras-chave.

L
Lâmina: folheto aberto, sem dobras.
Layout: ilustração das peças que serão produzidas e veiculadas.
Light users: consumidores que compram o produto esporadicamente.
Link: elo entre uma peça e outra. Algo visual e/ou textual que remeta a uma nova informação.
Logomarca: letras e símbolos que juntos compõem a identidade visual da empresa.
Logotipo: letras desenhadas ou adaptadas para compor a imagem de um produto ou empresa.

M
Mailing list: banco de dados com a relação de nomes, endereços, telefones etc.
Merchandete: locutor ou apresentador especializado em fazer a apresentação de produtos em ações de *merchandising* televisivo (propaganda *tie-in*).
Merchandising: técnica de exposição cujo objetivo é tornar o produto visível no PDV. Refere-se também a uma propaganda *tie-in* que ocorre na programação de TV.
Mobiliário urbano: relógios, pontos de ônibus, cerca de árvore e outros locais utilizados para veiculação de peças publicitárias.
Mock-up: protótipo.

N
Networking: relacionamento interpessoal profissional.

O
Outdoor: painel de 32 folhas e 9 x 3 metros, para veiculação de anúncios publicitários.

P
PDV: ponto de venda.
Police: este termo, que em inglês refere-se à polícia, também é utilizado na propaganda para definir clientes que possuem parâmetros rígidos de divulgação para determinados produtos, que são previamente estabelecidos pelas suas matrizes e que determinam como deve ser feita a propaganda. Esses parâmetros podem definir cores, texto, tipo de mídia, período, etc. e por isso tolhem de certo modo a liberdade criativa.
Pop-up: semelhante ao *banner*. São janelas que se abrem no computador com mensagens publicitárias veiculadas na internet. Também podem gerar *link* com os *websites*.
Portfólio: conjunto de peças e trabalhos desenvolvidos pela agência ou de produtos produzidos por uma empresa.

PowerPoint: programa utilizado para apresentações.
Press kit: material oferecido pela assessoria de imprensa aos veículos de comunicação, contendo *press release*, fotos, vídeos, ilustrações e até amostras.
Press release: textos que são enviados aos veículos de comunicação pela assessoria de imprensa.
Prospect: cliente em potencial.

R
Recall: lembrança sobre a campanha, produto ou marca.
Rough: rascunho.
RTVC: rádio, televisão e cinema.

S
Script: texto ou conteúdo a ser apresentado.
Share of market: participação de mercado.
Share of mind: percentual de participação na lembrança do consumidor.
Shopping center: centro de compras.
Slides: fotogramas utilizados para apresentações. Podem ser feitos por meio de programas como PowerPoint ou mesmo com filme fotográfico especial para esse fim.
Slogan: frase que resume o conceito que se quer transmitir sobre o produto.
Software: programa de computadores.
Spot: anúncio veiculado no rádio. Nesse tipo de campanha, faz-se uma locução para o cliente.
Status: valor agregado.
Storyboard: ilustração, quadro a quadro, das cenas que serão produzidas para o comercial de TV.

T
Take one (pegue um): folheto normalmente disponibilizado ao consumidor em *displays* colocados em local de livre acesso.
Target: público-alvo.
Tarp: *target audience rating points*. O Tarp expressa a relação entre a parcela do *target* alcançada pela determinada programação e o total do universo de *target* existente na praça.
Taxidoor: peça publicitária fixada em táxis.
TCC: trabalho de conclusão de curso.
Teaser: mensagem publicitária não identificada, que tem como objetivo gerar expectativa.
Tie-in: *merchandising* televisivo.
Trade: comércio.
Trade marketing: parte importante na estratégia de *marketing* das organizações que planejam maximizar a diferenciação dos produtos e serviços nos PDVs.
Triedro: painel publicitário com três faces rotativas que permite a veiculação de três anúncios diferentes ao mesmo tempo.
Trilha sonora: música utilizada de fundo em campanhas ou mesmo em filmes.

V
Voucher: equivalente a um passaporte que dá acesso a determinado lugar ou produto.

W
Workshop: apresentação de produtos ou serviço, em que se demonstram todos os aspectos relacionados ao produto, como manuseio, utilidade, aplicação etc.

Referências bibliográficas

BLESSA, Regina. Merchandising *no ponto-de-venda*. São Paulo: Atlas, 2001.
BONO, Edward de. Criatividade levada a sério. 2. ed. São Paulo: Pioneira, 1997.
CHIAVENATO, Idalberto; SAPIRO, Arão. *Planejamento estratégico, fundamentos e aplicações*. Rio de Janeiro: Campus, 2003.
CORRÊA, Roberto. *Planejamento de propaganda*. 8. ed. São Paulo: Global, 2002.
DUAILIBI, Roberto; SIMONSEN JR., Harry. *Criatividade e* marketing. São Paulo: Makron Books, 2000.
ETZEL, Michael J.; WALKER, Bruce J.; STANTON, Willian J. *Marketing*. São Paulo: Makron Books, 2001.
FERRACIU, João de Simoni S. *Promoção de vendas*. São Paulo: Makron Books, 1997.
KOTLER, Philip. *Administração de* marketing. 10. ed. São Paulo: Prentice Hall, 2000.
LAS CASAS, Alexandre L. *Administração de vendas*. São Paulo: Atlas, 1999.
LUPETTI, Marcélia. *Planejamento de comunicação*. São Paulo: Futura, 2002.
MARTINS, Zeca. *Propaganda é isso aí!* 3. ed. São Paulo: Futura, 2001.
_____. *Redação publicitária*. São Paulo: Atlas, 2003.
MCKENNA, Regis. *Marketing de relacionamento*. 5. ed. Rio de Janeiro: Campus, 1996.
PAIVA, Edson. *Comunicação persuasiva em pontos de venda*. São Paulo: Iglu, 2006.
PINHO, J. B. *Comunicação em* marketing. 5. ed. Campinas: Papirus, 2001.
SAMPAIO, Rafael. *Propaganda de A a Z*. Rio de Janeiro: Campus, 1995.
SANT'ANNA, Armando. *Propaganda*: teoria, técnica e prática. 6. ed. São Paulo: Pioneira, 1996.
SENNA, Pedro Victor. *Meu caro anúncio*. São Paulo: Saraiva, 2003.
SEVERINO, Antônio Joaquim. *Metodologia do trabalho científico*. 21. ed. São Paulo: Cortez, 2001.

TAHARA, Mizuho. *Mídia*. São Paulo: Global, 2004.

YANAZE, Mitsuru. Retorno de investimentos em comunicação: avaliação e mensuração. 2. ed. São Caetano do Sul: Difusão, 2013.

Internet

A C Nielsen Brasil
Disponível em: <www.acnielsen.com.br>. Acesso em: 10 jan. 2015.

Arquivo da propaganda
Disponível em: <www.arquivodapropaganda.com.br>. Acesso em: 12 jan. 2014.

Associação Brasileira de Anunciantes – ABA
Disponível em: <www.aba.com.br>. Acesso em: 4 jan. 2015.

Associação Brasileira de Empresas de Pesquisa – ABEP
Disponível em: <www.abep.org>. Acesso em: 11 ago. 2014.

Associação Brasileira de Normas Técnicas – ABNT
Disponível em: <www.abnt.org.br>. Acesso em: 12 jan. 2015.

Associação dos Profissionais de Propaganda – APP
Disponível em: <www.appbrasil.org.br>. Acesso em: 11 ago. 2015.

Bloganda – Ideias para a formação do profissional de propaganda
Disponível em: <www.bloganda.com.br>. Acesso em: 11 ago. 2008.

Caixa
Disponível em: <www.caixa.gov.br>. Acesso em: 17 jan. 2015.

Conselho Nacional de Autorregulamentação Publicitária – Conar
Disponível em: <www.conar.org.br>. Acesso em: 9 jan. 2015.

Datafolha
Disponível em: <www.datafolha.folha.uol.com.br>. Acesso em: 8 jan. 2015.

Folha de S.Paulo
Disponível em: <www.folha.uol.com.br>. Acesso em: 9 jan. 2015.

Francal
Disponível em: <www.francal.com.br>. Acesso em: 5 jan. 2015.

Globo.com
Disponível em: <www.globo.com>. Acesso em: 9 jan. 2015.

Grupo de Mídia São Paulo
Disponível em: <www.gm.org.br>. Acesso em: 7 jan. 2015.

Instituto Brasileiro de Geografia e Estatística – IBGE
Disponível em: <www.ibge.gov.br>. Acesso em: 11 ago. 2015.

Ibope – Instituto Brasileiro de Opinião e Estatística
Disponível em: <www.ibope.com.br>. Acesso em: 10 jan. 2015.

iG
Disponível em: <www.ig.com.br>. Acesso em: 13 jan. 2015.

Instituto Verificador de Comunicação – IVC
Disponível em: <www.ivcbrasil.org.br>. Acesso em: 8 jan. 2016.

Ipsos
Disponível em: <www.ipsos.com.br>. Acesso em: 8 jan. 2016.

Meio & Mensagem
Divisão das receitas de mídia – 2014.

Disponível em: <www.meioemensagem.com.br>. Acesso em: 27 abr. 2015.

MTV
Disponível em: <www.mtv.com.br>. Acesso em: 13 jan. 2015.

O Estado de S. Paulo
Disponível em: <www.estadao.com.br>. Acesso em: 9 jan. 2015.

Portal de Notícias, Esporte e Entretenimento da Band
Disponível em: <www.band.uol.com.br>. Acesso em: 9 jan. 2015.

Rede Record
Disponível em: <www.rederecord.com.br>. Acesso em: 9 jan. 2015.

Rede TV!
Disponível em: <www.redetv.com.br>. Acesso em: 9 jan. 2015.

Reed Exhibitions Alcantara Machado
Disponível em: <www.reedalcantara.com.br>. Acesso em: 5 jan. 2015.

Revista Propaganda
Disponível em: <www. propmark.revista-propaganda.com.br>. Acesso em: 12 jan. 2015.

SBT
Disponível em: <www.sbt.com.br>. Acesso em: 9 jan. 2015.

Terra
Disponível em: <www.terra.com.br>. Acesso em: 13 jan. 2015.

TV Cultura
Disponível em: <www.tvcultura.com.br>. Acesso em: 9 jan. 2015.

TV Gazeta
Disponível em: <www.tvgazeta.com.br>. Acesso em: 9 jan. 2015.

UOL
Disponível em: <www.uol.com.br>. Acesso em: 13 jan. 2015.

Google
Disponível em: <www.google.com.br>. Acesso em: 20 out. 2015.

YouTube
Disponível em: <www.youtube.com>. Acesso em: 22 out. 2015.

Apêndice

MODELO DE CONTRATO

Cessão de direitos de som e imagem

Eu, **José da Silva Santos**, brasileiro, natural de São Caetano do Sul/SP, casado, **engenheiro**, inscrito no CPF sob o nº **999.888.777-66** e RG sob o nº **55.444.333-2**, autorizo o uso da **minha imagem e voz** para fins de divulgação e publicidade do projeto **NONONONONO**, sem qualquer ônus para as partes envolvidas.

São Paulo, 20 de outubro de 2015

_____

José da Silva Santos

Impressão e Acabamento
Bartira
Gráfica
(011) 4393-2911